DIE BILLIONEN
BLASE

....

WIE BILLIGES GELD ZUR GRÖSSTEN
SPEKULATIONSBLASE ALLER ZEITEN
FÜHRTE

PATRICK SCHUBERT

Patrick Schubert
www.derinvestor.net

Book Layout ©2013 BookDesignTemplates.com
Cover Foto - iStock.com

DIE BILLIONEN BLASE: *Wie billiges Geld zur größten Spekulationsblase aller Zeiten führte*/ Patrick Schubert.
1. Auflage, 2015

ISBN-13: 978-1517682040
ISBN-10: 1517682045

" Alles ist schon einmal gesagt worden, aber da niemand zuhört, muß man es immer wieder von neuem sagen." - André Gide

INHALTSVERZEICHNIS

VORWORT

Wir leben in außergewöhnlichen Zeiten und doch sind sie in gewisser Weise auch gewöhnlich, weil jede Phase in der Geschichte durch Herausforderungen und Unsicherheit über die zukünftige Entwicklung gekennzeichnet ist. Zu keinem Zeitpunkt wissen wir, was in der Zukunft passieren wird, geschweige denn, wann ein Ereignis eintreten wird. Der irische Politiker und Dramatiker George Bernhard Shaw stellte treffend fest:

„Prognosen sind schwierig, insbesondere, wenn sie die Zukunft betreffen."

Und doch kann man aus einer scheinbar wahllosen Reihe von Ereignissen eine Kette bilden, die zu der Entwicklung geführt hat, die Bill Gross, der Gründer und ehemalige Fondsmanager des größten Anleihefonds der Welt,

PIMCO, auf einer Investmentkonferenz 2009 als *Neue Normalität* bezeichnet hat.

Gross prognostizierte, dass in den nächsten 10 bis 20 Jahren die Volkswirtschaften nur geringfügig wachsen würden, das Zinsniveau dauerhaft niedrig bleiben und eine vermehrte Einflussnahme des Staates auf die Wirtschaft zu höheren Staatsdefiziten und mehr Regulierung führen würde.[2]

Die Kette der Ereignisse beginnt mit dem Zusammenbruch des Bretton-Woods-Systems und der Aufkündigung des Goldstandards durch US Präsident Nixon im Jahr 1971. Dies leitete die goldene Ära des Finanzkapitalismus ein, Notenbanken griffen aktiv in den konjunkturellen Zyklus ein und milderten Rezessionen durch Öffnen der Geldschleusen ab. Der Aktienmarkt setzte ab den 1980er Jahren zu einem Höhenflug an, der, abgesehen von ein paar kurzen Rückschlägen, fast 20 Jahre andauern sollte. Der *Greenspan Put*, benannt nach Alan Greenspan, der von 1987 bis 2000 das Amt des Vorsitzenden der amerikanischen Notenbank FED inne hatte, bescherte den Anlegern hohe Renditen, denn die FED reagierte bei einem Einbruch der Aktienkurse und senkte die Zinsen - die Geldmenge wurde erhöht und die Kurse drehten schnell wieder nach oben.

Die aktive Politik der Notenbanken konnte damit seit den 1980er Jahren die Auswirkungen der Rezession (Englisch: „Bust"), die zwangsläufig auf einen Aufschwung

(Englisch: „Boom") folgt, abmildern. Gleichzeitig hat die ständige Expansion der Geldmenge, insbesondere nach dem Platzen von Spekulationsblasen, zu enormen wirtschaftlichen Ungleichgewichten geführt. Die Amerikaner konsumierten, während der Rest der Welt produzierte und sich mit gedruckten Schuldscheinen - US Dollar - zufrieden gab. In den USA stieg die Verschuldung rasant an und in den produzierenden Ländern wie Deutschland und China sammelten sich die US Dollar. Die USA und das westliche Finanzsystem sind überschuldet. Die realen Einkommen in der Bevölkerung stagnieren seit Jahren und die Schere zwischen Arm und Reich driftet immer weiter auseinander.

Mit dem Zusammenbruch des amerikanischen Immobilienmarktes und dem Beginn der Finanzkrise im Jahr 2008 wurde der vorerst letzte Höhepunkt erreicht und die Ära der *Neuen Normalität* eingeläutet. Politik und Notenbanken reagierten auf das Platzen der Kreditblase mit einer gigantischen Geldschwemme und konnten damit die Finanzmärkte und das Geldsystem vor dem Kollaps bewahren. Die Frage ist nur zu welchem Preis?

Mittlerweile haben die Notenbanken die Leitzinsen auf praktisch Null gesenkt und finanzieren über den Ankauf von Schuldtiteln die Staaten indirekt mit Geld. Damit wurde die Büchse der Pandora geöffnet und die seit 1971 angehäuften Schulden haben sich nunmehr zu einer Billionenblase entwickelt.

Die Risiken im System nehmen zu, je mehr Schulden im Umlauf sind, und überall auf der Welt haben sich seit 2008 Spekulationsblasen aufgebaut. Der Kolumnist des Forbes Magazine Jesse Colombo beschreibt den aktuellen Zustand auch als *The Bubble Bubble* (die Mutter aller Blasen).[3]

Was diese Blase außergewöhnlich macht, ist, dass sie aus mehreren quer über den Globus verteilten Blasen besteht und durch die Rettungspolitik der Notenbanken erzeugt wurde. Die Neue Normalität der niedrigen Zinsen hat die Risikobereitschaft der Anleger erhöht und treibt sie auf der Suche nach Rendite in die Aktien-, Anleihe- und Immobilienmärkte und lässt dort Spekulationsblasen entstehen.

Dabei sind Spekulationsblasen nichts Neues sondern ein elementarer Bestandteil des Wirtschaftsgeschehens und spiegeln die psychologischen Verhaltensmuster der Spekulanten wider.

Schon die erste bekannte Spekulationsblase, die holländische Tulpenblase Anfang des 17. Jahrhunderts, zeigte, wie Gier innerhalb kürzester Zeit Preise in absurde Höhen treiben kann. Der Preis einer Tulpe stieg von einem Gulden im Jahr 1634 auf 60 Gulden im Jahr 1637. Genauso schnell, wie die Preise steigen, können sie allerdings auch wieder den Boden der Tatsachen erreichen.

Ende des Jahres 1637 glaubten die Spekulanten nicht mehr an weiter steigende Preise, aus Angst vor Verlusten verkauften die ersten ihre Tulpen. Eine Verkaufswelle setzte ein und der Preis für eine Tulpe fiel auf unter einen Gulden. Unzählige Spekulanten verloren im Crash ihr Vermögen und Holland stürzte in eine schwere Wirtschaftskrise. Der Sogwirkung einer Spekulationsblase und der Aussicht auf schnelle Gewinne können die meisten Anleger nicht widerstehen. Isaac Newton, der während der Südseeblase Anfang des 18. Jahrhunderts mit der Aktie der South Sea Company spekulierte und fast sein gesamtes Vermögen verlor, fasste nach dieser Erfahrung resigniert zusammen:

„Ich kann zwar die Bahn der Gestirne auf Zentimeter und Sekunde berechnen, aber nicht, wohin eine verrückte Menge einen Börsenkurs treiben kann."

Der Preis, den wir bereit sind für etwas zu zahlen, ist, neben der Verfügbarkeit von Geld, in hohem Maße durch psychologische Faktoren beeinflusst, die kaum messbar sind und sich oft der wissenschaftlichen Erklärung entziehen. Es lässt sich nicht vorhersehen, zu welchem Zeitpunkt ein Ereignis eintreten wird. Ob zuerst der chinesische Immobilienmarkt implodieren wird und dann die Kurse für amerikanische Staatsanleihen in die Tiefe rauschen, oder ob ein Crash über eine Zinserhöhung der Notenbanken ausgelöst werden wird. Auch wissen wir nicht, wie ein Crash genau aussehen wird. Wird es zu negativen Zinsen kommen? Wird Bargeld verboten werden, um eine massive Inflation herbeizuführen, die die Schuldenberge entwerten wird? Wird es zu Steuererhöhungen kommen, um die staatlichen Gläubiger befriedigen zu können? Es gibt zu viele Unbekannte.

Das vorliegende Buch soll weder ein Katastrophenszenario beschreiben, noch einen genauen Zeitpunkt vorhersagen. Ich habe bewusst auf Anlageempfehlungen verzichtet, da sich in dem Spannungsfeld von Deflation, sprich dem Platzen einer Blase, und Inflation, dem Aufpumpen einer Blase, unterschiedliche Anlagestrategien ergeben. Denn je nachdem, wann Sie dieses Buch in den Händen halten, wird die eine oder andere Blase schon geplatzt sein, während sich eine andere weiter aufpumpt.

Dieses Buch richtet sich daher nicht nur an Kapitalanleger, die am Aktien-, Anleihe- oder Immobilienmarkt investiert sind, oder darüber nachdenken, in einen dieser Märkte zu investieren, sondern auch an alle Wirtschaftsinteressierten, die sich mit den Risiken auseinandersetzen wollen, die das Platzen dieser Billionenblase auf ihr Vermögen, ihre Berufschancen und ihre Lebenssituation haben kann.

Denn leider kommt es bei einem Crash nicht nur zu einer Korrektur an den Kapitalmärkten, auch die Realwirtschaft wird in Mitleidenschaft gezogen.

In der letzten Krise 2008 brach die Realwirtschaft massiv ein und Unternehmen mussten Arbeitsplätze abbauen. Platzt eine der unzähligen Blasen, besteht das Risiko einer unkontrollierbaren Kettenreaktion wie sie 2008 eingetreten ist. Den Notenbanken bleiben dann nicht mehr viele Möglichkeiten, um den Geldhahn noch weiter aufzudrehen. Das Pulver ist bei Leitzinsen von knapp null Prozent weitgehend verschossen und es müssen schon sehr unkonventionelle Wege eingeschlagen werden, um das Ruder noch einmal herumreißen zu können.

Bei einem nächsten Crash werden wahrscheinlich Optionen wie höhere Zwangsbesteuerung, das Einfrieren von Konten oder auch ein Bargeldverbot auf den Tisch kommen. Letztendlich steigt für jeden das Risiko des Vermögensverlustes, egal ob über die Entwertung der Sparvermögen und Renten oder über den Einbruch der Preise für Aktien oder Immobilien.

Da in einem ungedeckten Schuldgeldsystem Schulden spiegelbildlich auch Guthaben gegenüberstehen, bedeutet das, wenn Schulden vernichtet werden, dann werden auch Guthaben und damit Vermögen vernichtet.

Die seit 1971 im Finanzsystem angehäuften Schulden haben sich zu einer Billionenblase entwickelt und sind für weite Teile der Bevölkerung nicht mehr tragfähig.

Die Schulden müssen über kurz oder lang über Deflation oder Inflation oder eine Kombination aus beidem abgebaut werden. Auch ein „Durchwursteln", wie wir es seit 2008 sehen konnten, ist noch ein paar Jahre möglich, führt aber auch irgendwann zu einem Punkt, an dem es zu einer Neutralisierung der Schulden kommen muss.

Ein künstlich durch Geld- und Kreditexpansion geschaffener Boom kann nicht für immer existieren. Früher oder später muss er enden. [...] Die Wirtschaftstheorie hat unwiderlegbar gezeigt, dass durch Geld- und Kreditexpansion geschaffener Wohlstand illusorisch ist und zwangsläufig in einer Wirtschaftskrise enden muss. Es ist immer wieder in der Vergangenheit passiert und es wird auch in der Zukunft wieder geschehen.[4]

Ludwig von Mises, 1951

Patrick Schubert
November 2015

1

....

DIE VORGESCHICHTE

Der Zusammenbruch des amerikanischen Immobilienmarktes und die Beinahe-Implosion des Finanzsystems im Jahr 2008 stellten den vorläufigen Höhepunkt in einer Kette von Ereignissen dar, die man gemeinhin als Finanzkrise beschreibt. Dabei sind Finanzkrisen nichts Neues, sie treten im Abstand von wenigen Jahren immer wieder in der einen oder anderen Form auf. Was diese Krise einmalig macht, ist, dass sie in dem größeren Kontext der Entstehung einer Billionenblase betrachtet werden muss.

Die Finanzkrise von 2008, deren Auswirkungen uns auch heute noch begleiten, sind eine Folge von hemmungslosem Gelddrucken und einer Verschuldungsspirale, die mit der Aufkündigung des Goldstandards im Jahr 1971 begann. Seitdem durchliefen Wirtschaft und Finanzsystem mehrere Etappen, die schlussendlich zu den Bedingungen führten, die wir heute vorfinden. Diese Geschichte beginnt im kleinen amerikanischen Ostküstenkurort Bretton-Woods.

BRETTON-WOODS

Im Jahr 1944 wurde in Bretton-Woods das gleichnamige Abkommen beschlossen, in dem festgelegt wurde, dass alle Währungen über einen festen Wechselkurs an den US Dollar als Leitwährung gebunden werden. Außerdem verpflichtete sich die US-Notenbank Federal Reserve, kurz FED, jederzeit Gold zum offiziellen Kurs von 35 US Dollar je Unze zu kaufen oder zu verkaufen. Damit bestand eine de facto Golddeckung des US Dollar und aller an ihn angelehnten Währungen.

Sorgte das *Bretton-Woods-System* in der Nachkriegszeit für Stabilität im internationalen Handel und Finanzsystem, so traten Mitte der 1960er die ersten Spannungen auf, als die Amerikaner anfingen, den Vietnamkrieg und Wohlfahrtsprogramme durch das Anwerfen der Druckerpresse zu finanzieren. Unter US-Präsident Lyndon B. Johnson folgte ein sprunghafter Anstieg der Geldmengenausweitung (M1) von ehemals 3 Prozent pro Jahr auf nunmehr 5 bis 8 Prozent bis in die 1970er Jahre hinein.[5] Eine wahre US Dollar Schwemme ergoss sich über die Welt. Die Amerikaner bezahlten ihre ausländischen Partner mit frisch gedruckten Dollar.

In einem System der festen Wechselkurse gibt es keine Wechselkursanpassungen, die Veränderungen der Kaufkraft durch eine wachsende Geldmenge einer Währung wieder einfangen könnten. Druckt ein Land mehr Geld als durch die Expansion der Wirtschaftsaktivität gedeckt werden kann, kann dieses Land in anderen Ländern billig einkaufen.

Die Handelspartner, darunter Frankreich, begannen, die Werthaltigkeit und Kaufkraft des US Dollar in Frage zu stellen. Im Jahr 1966 erreichte das Misstrauen über die Politik der amerikanischen Geldmengenausweitung seinen Höhepunkt als der damalige französische Staatspräsident de Gaulle darauf bestand, die vielen US Dollar, die sich nunmehr bei der französischen Zentralbank angesammelt hatten, wieder in Goldbarren einzulösen.

Nachdem de Gaulle Kriegsschiffe nach New York entsandte, um die Goldbarren nach Frankreich zu transportieren, mussten die Amerikaner inoffiziell eingestehen, dass nicht genug Gold in ihren Tresoren vorrätig war, um alle Forderungen begleichen zu können. Frankreich konnte man gerade noch auszahlen, aber bei jedem weiteren Land wäre es schon schwieriger geworden. Auch der Großteil der deutschen Goldreserven stammt aus der Zeit des Bretton-Woods-Systems und lagert nach wie vor bei der FED. Jedoch macht es die Lagerung des Goldes bei der FED schwer, genau festzustellen, wieviel Gold nun wirklich in den Tresoren liegt.

Inventurprüfungen der Bundesregierung wurden durch die Amerikaner immer wieder abgelehnt. Im Jahr 2012 einigte man sich, innerhalb von 7 Jahren einen Teil der Reserven von der FED nach Deutschland zu transportieren.

Den Zusammenbruch des Bretton-Woods-Systems markierte dann das Jahr 1971, als Nixon vor die Fernsehkameras trat und den garantierten Umtausch von 35 US Dollar für eine Feinunze Gold für beendet erklärte. Das sogenannte „Goldfenster" wurde geschlossen und man ging zu freien Wechselkursen über.

Der US Dollar musste gegenüber anderen Währungen wie DM und Franc massiv abwerten. Gleichzeitig explodierte der in US Dollar notierte Goldpreis. Die freien Marktkräfte ließen den Goldpreis von 35 US Dollar im Jahr 1971 auf über 800 US Dollar im Jahr 1979 emporschießen.

DIE 1970ER UND STAGFLATION

Die 1970er Jahre waren ein Jahrzehnt, in dem sich die ersten Risse im Wirtschafts- und Finanzsystem andeuteten. Die beiden Ölkrisen, 1973 und 1979, sorgten für Rezessionen in den USA und Europa. Das Wirtschaftswachstum verlangsamte sich und die Arbeitslosigkeit stieg an, zwar immer noch auf niedrigem Niveau, aber dennoch wurde es auf dem Arbeitsmarkt zusehends schwieriger. Insbesondere in den USA brachen die Industriearbeitsplätze weg. Gleichzeitig stieg die Inflationsrate und erreichte in Deutschland Mitte der 1970er Jahre ein neues Hoch von 7,1 Prozent pro Jahr. In den USA stieg die Inflation, gemessen am Anstieg der Verbraucherpreise, Ende 1979 sogar auf 14 Prozent. Paul Volcker, der zu dieser Zeit neu ins Amt gelangte FED-Notenbank-Chef, musste in einer Zeit als die US Konjunktur vor sich hin dümpelte, den Leitzins auf rekordverdächtige 17 Prozent erhöhen, um der überbordenden Inflation Herr zu werden.

In der bis dato vorherrschenden Auffassung der Volkswirtschaftslehre und Politik passte die Kombination von hoher Inflation und niedrigem Wirtschaftswachstum - auch Stagflation genannt nicht zusammen. Denn hohe Inflation wurde mit einer boomenden Konjunktur verbunden, in der eine hohe Nachfrage seitens der Konsumenten die Preise steigen lässt. Geringe Nachfrage und steigende Preise passten nicht in die Theorie!

Die Staaten begannen, durch große Ausgabenprogramme die Nachfrage zu stimulieren. In Deutschland kam es in den 1970er Jahren zu einer Ausweitung der Staatsverschuldung. Lag die Verschuldung des Bundes im Jahr 1970 noch bei 64 Milliarden Euro, so waren es Ende 1980 schon 239 Milliarden. Die Staatsverschuldung wuchs in diesem Jahrzehnt um 14 Prozent pro Jahr!

Auch die 1980er Jahre begannen wie die 1970er auf-
gehört hatten, mit einer hohen Inflation und einer stagnierenden Wirtschaft. 1980 trat dann der ehemalige
Hollywoodschauspieler und PR-Mitarbeiter von General
Electric, Ronald Reagan, im Rennen um die Präsident-
schaft mit dem Slogan „Geht es Ihnen besser als vor 4
Jahren?"[6] gegen den wirtschafts- und außenpolitisch
angeschlagenen Jimmy Carter an und gewann mit deutli-
chem Abstand. Reagan löste eine neue Ära der wirtschaftlichen Expansion in den USA aus. Seine auch als
Reaganomics bekannte Politik setzte auf massive Steuererleichterungen für Spitzenverdiener und einen schlanken Staat. Der wirtschaftspolitische Kurs Reagans
basierte auf den Theorien der Chicagoer Schule und
deren prominenten Vertretern Milton Friedman und
Arthur B. Laffer.

KEYNESIANISMUS VS. CHICAGOER SCHULE

Die Chicagoer Schule stellte mit ihren auf freien und
unregulierten Märkten beruhenden Vorstellungen einen
direkten Gegenentwurf zu der seit dem 2. Weltkrieg
vorherrschenden Wirtschaftspolitik des Keynesianismus
dar.

John Maynard Keynes ist Gedankenvater der nach ihm benannten Wirtschaftspolitik, die auch als Staatsinterventionismus oder kurz Interventionismus bezeichnet wird. Keynes entwickelte seine Theorien aufgrund der Erfahrungen der großen Weltwirtschaftskrise von 1929, als die Weltwirtschaft innerhalb kürzester Zeit durch das Platzen einer Spekulationsblase an der New Yorker Börse in den Abgrund stürzte. Die bis dahin geltende Wirtschaftsdoktrin, dass man den Märkten freien Lauf lassen sollte und nach einer Rezession automatisch eine Erholung einsetzen müsste, stellte sich in den 1930er Jahren als falsch heraus.

Keynes argumentierte, dass es in einer Wirtschaftskrise zu einem Wegbrechen der Nachfrage nach Gütern kommt und viele Firmen dadurch Entlassungen vornehmen müssen. Weniger Beschäftigung führt wiederum zu weniger Nachfrage nach Gütern, da Arbeitslosen normalerweise weniger Geld zum Konsum zur Verfügung steht als Beschäftigten. So entsteht eine Spirale aus fallender Güternachfrage und steigender Arbeitslosigkeit.[7]

In einer wirtschaftlichen Abwärtsspirale, so Keynes, müsse der Staat intervenieren und durch Ausgabenprogramme die Nachfrage wieder anregen. Über Nachfrageprogramme kann der Staat in einer Wirtschaftskrise die Ökonomie aus der Sackgasse herausführen. Dazu nimmt der Staat kurzfristig Kredite auf und stimuliert damit die

Nachfrage - der Staat mildert damit die Auswirkungen der Rezession ab. Kommt die Wirtschaft wieder in Schwung, reduziert der Staat sein Defizit und zahlt die Schulden wieder zurück. In der Tat setzte durch kreditfinanzierte Ausgaben- und Wohlfahrtsprogramme in den USA ab 1933 eine Erholung ein. Auch in Deutschland führten nach der Machtergreifung der Nazis die kreditfinanzierten Ausgabenprogramme zu einer Stabilisierung der Lage.

Jedoch setzte in der Nachkriegsboom-Phase bei der Politik der Modus Operandi ein, die in der Rezession aufgenommenen Kredite nicht wieder zurückzuzahlen, sondern dauerhaft steuernd in das Wirtschaftsgeschehen einzugreifen. Funktionierte dieser Interventionismus bis Ende der 1960er Jahre, getragen durch einen massiven Wirtschaftsaufschwung der Nachkriegszeit, so brach in den 1970er Jahren das Wachstum ein. Es zeigte sich, dass viele staatliche Ausgabenprogramme bei niedrigem oder keinem Wachstum nicht finanzierbar waren - die Ausgabenprogramme waren zu groß geworden, die Inflation zu hoch und die Regulierung der Märkte zu stark.

Die Chicagoer Schule war der Gegenentwurf zum nachfrageorientierten Keynesianismus und stellte den geldpolitischen Aspekt zur Steuerung des Wirtschaftsgeschehens in den Vordergrund, daher wird oft auch der Begriff Monetarismus benutzt.

Die Steuerung über Ausgabenprogramme des Staates wird im Monetarismus strikt abgelehnt, stattdessen stellt hier die Geldmengenstabilität den wichtigsten Aspekt einer funktionierenden Wirtschaft dar.

REAGANOMICS

Neben der Geldmengenstabilität geht die Chicagoer Schule davon aus, dass nur eine freie und so wenig wie möglich regulierte Wirtschaft dauerhaft zu mehr Wohlstand führt. Der Staat übernimmt eine Art Nachtwächterrolle und überlässt die Märkte dem freien Spiel von Angebot und Nachfrage. Laut Chicagoer Schule führen hohe Steuern und Abgaben zu starken Verzerrungen im Wirtschaftsgeschehen, weil hohe Steuern Investitionskapital vom produktiven Teil der Bevölkerung an unproduktivere Teile umverteilen. Insbesondere die Theorie von Laffer, dass das Steueraufkommen nur bis zu einem gewissen Punkt mit steigendem Steuersatz ansteigt und ab diesem Scheitelpunkt wieder abfällt, stellte einen zentralen Eckpfeiler der Wirtschaftspolitik Reagans dar. Laut Laffers Theorie sollte durch die Senkung der Spitzensteuersätze mehr wirtschaftliche Aktivität stimuliert werden, die zu einem Multiplikator-Effekt führen sollte, welcher wiederum zu einem langfristig höheren Steueraufkommen führt.

Niedrige Steuern würden zu einem Vermögenszuwachs bei der Oberschicht führen und dieser würde automatisch in die unteren Schichten der Bevölkerung durchsickern und auch dort für mehr Wohlstand sorgen.[*]

Weitere Eckpfeiler der Reaganomics waren die Reduzierung staatlicher Regulierung und eine restriktivere Geldpolitik zur Eindämmung der Inflation.

Die wirtschaftspolitische Bilanz Reagans kann man als gemischt einordnen. Einerseits führten die Steuersenkungsprogramme und Deregulierung zu einem wirtschaftlichen Aufschwung, der besonders der Börse und Spitzenverdienern zugutekam. Auf der anderen Seite führten die Kürzungen der Sozialausgaben zu einer immer größer werdenden Kluft zwischen Arm und Reich. Die Erfolge bei der Geldpolitik, wie die Inflationsbekämpfung und die damit verbundene Wiederherstellung des Vertrauens in den US Dollar können eher der Schocktherapie des damaligen FED-Chefs Paul Volcker zugerechnet werden, als Reagans wirtschaftspolitischem Kurs. Auch Reagans propagiertes Ziel von weniger Staatsausgaben wurde nicht erreicht. Zwar kürzte Reagan bei den Wohlfahrtsausgaben, erhöhte aber massiv, bedingt durch das Wettrüsten mit der Sowjetunion, das Budget für die Verteidigung.

---

[*] Dieser von David Stockman, dem wirtschaftspolitischen Berater Reagans, geprägte „Trickle-Down-Effect" war ein zentraler Punkt von Reagans wirtschaftspolitischer Vorstellung.

Die Staatsverschuldung in den USA stieg von 26 Prozent der Wirtschaftsleistung zum Beginn der Amtszeit Reagans auf 40 Prozent bei dessen Ende. Bei der Regulierung sah es anders aus. Hier trug Reagans Politik Früchte und verschaffte der US-Finanzindustrie einen neuen Boom - neue Produkte und Dienstleistungen entstanden, deren Risiken sich aber erst 20 Jahre später zeigen sollten.

DIE DEREGULIERUNG DER BANKEN

Nachdem im Verlauf des Börsenbooms der 1920er viele Banken über hohe Kredite an den Börsen gezockt hatten, kam es 1929 nach dem Börsencrash zu einer massiven Insolvenzwelle. Unzählige Banken waren bankrott und Bankkunden kamen nicht mehr an ihre Einlagen.

Mit dem 1933 verabschiedeten *Glass-Steagall Act* kam es zu einer Neuordnung der Bankregulierung und zu einer strikten Trennung zwischen Investment- und Filialbanken. Unter dem *Glass-Steagall Act* führte die US-Regierung die Garantie der Spareinlagen bei Filialbanken (Spar- und Kreditbanken) ein. Durch die Trennung von Banken nach Geschäftsbereich wollte man verhindern, dass Investmentbanken, die durch ihre Kapitalmarktorientierung auch ein hohes Risiko bergen, in den Genuss von staatlichen Sicherungen durch die Steuerzahler kamen.

In den 1970ern erhöhte die Bankenlobby den Druck auf die US-Regierung, die Zügel wieder lockerer zu lassen.

In den 1980ern kam es dann zu mehreren Deregulierungsmaßnahmen, darunter dem *Depository Institutions Deregulation and Monetary Control Act of 1980*, sowie weiteren Initiativen, die zu einer Aufweichung von *Glass-Steagall* führten. Die Deregulierung erweiterte die Spielräume der Banken, neue Produkte und Dienstleistungen für Kunden zu generieren. Wobei man den gesellschaftlichen Nutzen vieler Finanzprodukte stark bezweifeln kann. Paul Volcker bemerkte 2009 auf die Frage, ob neue Finanzprodukte zu wirtschaftlicher Prosperität führen: *„die größte Innovation der [Finanz-] Industrie der letzten 20 Jahre war der Geldautomat"*[8]

DIE ERSTEN TOXISCHEN PAPIERE ENTSTEHEN

Die durch die Deregulierung entstandenen Spielräume wurden gegen Ende der 1970er und Anfang der 1980er von der Finanzindustrie genutzt, um die ersten Hypothekenanleihen auf den Markt zu bringen.

Bei einer Hypothekenanleihe werden die Zins- und Tilgungszahlungen eines Hypothekendarlehens in die Form einer Anleihe gegossen. Diese Anleihen können dann am internationalen Kapitalmarkt gehandelt werden.

Damit entstand ein Produkt, das im Verlauf der Finanzkrise von 2008 und dem Zusammenbruch des amerikanischen Immobilienmarktes noch zu ungeahnter Berühmtheit aufsteigen sollte.

Hypothekenanleihen können zu falschen Anreizen bei den Banken, auch *Moral Hazard* genannt, führen. Wenn eine Bank ein Hypothekendarlehen vergibt, nimmt sie eine genaue Prüfung der Vermögensverhältnisse des Antragstellers vor. Denn sollte der Schuldner nicht in der Lage sein, den Kredit zu bedienen, entstehen der Bank Verluste. Kann die Bank aber den Kredit in eine Hypothekenanleihe verpacken und diese Anleihe am Kapitalmarkt verkaufen, so nimmt sie das Verlustrisiko aus ihren Büchern und übergibt es an den Käufer der Anleihe. Somit besteht für die Bank der Anreiz, bei der Kreditvergabe beide Augen zuzudrücken, denn sie gibt den Kredit ja weiter. Das Risiko übernimmt dann der Käufer der Anleihe und die Bank ist fein raus. Wird dann noch das Ausfallrisiko der Anleihe durch eine Ratingagentur künstlich heruntergerechnet und der Käufer der Anleihe verlässt sich auf die Bewertung, ergibt das ein toxisches Finanzprodukt, welches 2008 fast zur Implosion des gesamten Finanzmarktes führte.

KOHL UND THATCHER

In Europa zählte die 1979 ins Amt gekommene britische Premierministerin Margaret Thatcher zu den glühendsten Verfechtern der Ideen der Chicagoer Schule. Auch sie propagierte einen schlanken Staat und ein freies Spiel der Marktkräfte. Abgesehen von Großbritannien konnten sich die Ideen der Chicagoer Schule in Europa kaum durchsetzen. Die Wirtschaftspolitik auf dem europäischen Kontinent, insbesondere in Frankreich und Deutschland, blieb weiterhin durch einen starken Interventionismus geprägt.

In Deutschland begann 1982 die Ära Kohl. Auch Deutschland litt Anfang der 1980er unter niedrigem Wachstum, hoher Arbeitslosigkeit und drückenden Sozialausgaben. In Kohls erster Regierungserklärung kündigte er eine Wiederbesinnung auf die Prinzipien der sozialen Marktwirtschaft an. Seine „neue Wirtschafts- und [...] Sozialpolitik" sollte Reformen in den Bereichen Sozialbeiträge, Staatsfinanzen und Inflationsbekämpfung angehen.

Obwohl die Staatsquote, also der Anteil der staatlich bedingten Wirtschaftsaktivität, von knapp 50 Prozent im Jahr 1982 auf 45,3 Prozent im Jahr 1989 sank[9], stieg im selben Zeitraum die Staatsverschuldung von 30 auf 41 Prozent des Bruttosozialprodukts.

Kohls wirtschaftliche Bilanz ist, ähnlich wie Reagans, gemischt. Ab Mitte der 1980er wertete der US Dollar gegenüber der DM auf und führte zu einer Verbilligung deutscher Exporte - das Wirtschaftswachstum erhöhte sich wieder spürbar. Gleichzeitig verharrte die Arbeitslosigkeit jedoch bei 9 Prozent und stand damit im Widerspruch zum Leitbild der Sozialen Markwirtschaft, in der „Wohlstand für Alle" propagiert wird. Viele Reformvorhaben wurden nicht oder nur in sehr entschärfter Form umgesetzt, besonders der Arbeitsmarkt blieb überreguliert und verkrustet.

DIE 1980ER UND GORDON GEKKO

Waren Investoren in den 1970er Jahren noch froh, überhaupt eine positive Rendite einzufahren, weil der Aktienmarkt jahrelang seitwärts lief und durch Ölkrisen und Inflation immer wieder einbrach, drehten Anfang der 1980er Jahre die Aktienmärkte in Amerika, Europa und Japan nach oben. Von 1982 bis 1987 legte der amerikanische Leitindex S&P500, der 500 der größten US-Unternehmen umfasst, um 300 Prozent zu.

An der Wallstreet herrschte eine euphorische Stimmung. In dem 1987 erschienenen Film „Wallstreet" verkörperte Michael Douglas den Spekulanten Gordon Gekko, der durch Insiderhandel Millionen verdient.

23

In einer Rede vor Anteilseignern fasst Gekko die Triebkraft für ökonomischen und gesellschaftlichen Fortschritt in drei Worten zusammen: „greed is good" (Gier ist gut) und liefert damit einen Einblick in die Stimmung der Wallstreet jener Tage.

IN JAPAN GEHT DIE SONNE AUF

Auf der anderen Seite des Pazifiks geriet Japan in den 1980er Jahren in das Scheinwerferlicht und die japanische Volkswirtschaft avancierte zum führenden Produzenten von elektronischen Erzeugnissen - japanische Fabriken spuckten vom Walkman bis zum Auto alles aus, was die japanische Ingenieurskunst hergab. Japan baute in den 1980ern einen gewaltigen Exportüberschuss auf. Erst nach dem *Plaza Accord* von 1985 kam es zu einer Aufwertung des Yen gegenüber anderen Währungen, insbesondere gegenüber dem US Dollar. Der Exportboom wurde etwas gedämpft und die Japaner gingen nach 1985 weltweit auf Einkaufstour. Gekauft wurde von Immobilien bis Firmen alles, was der Markt in den USA und Europa zu bieten hatte. Aber auch innerhalb Japans kam es zu einer Kauforgie.

Der japanische Leitindex Nikkei, der die 225 größten Unternehmen umfasst, stieg von 7000 Punkten Anfang 1981 auf 38.000 Punkte im Jahr 1990. Eine Steigerung um über 400 Prozent!

Durch die Aufwertung des Yen ab 1985 und der damit verbundenen Verteuerung der Exporte begann die japanische Zentralbank, den Leitzins zu senken, um einer Aufwertung des Yen entgegenzusteuern. Von 1985 bis 1987 sank der japanische Leitzins von 5 Prozent bis auf 2,5 Prozent.

Die nun zusätzlich in die japanische Wirtschaft strömenden billigen Kredite befeuerten die Blase nur umso mehr. Ab Mitte der 1980er flossen die Gelder in den japanischen Immobilienmarkt und trieben die Preise bis Ende der 1980er in die Stratosphäre.

DER ERSTE FLASH CRASH - 1987

Nachdem die Börsen seit Anfang der 1980er Jahre nur eine Richtung kannten - nach oben - fand am 19. Oktober 1987, der auch als Schwarzer Montag in die Geschichte eingehen sollte, die weltweite Aktienhausse[*] ihr einstweiliges Ende. Am ersten Handelstag nach dem Wochenende kam es innerhalb von wenigen Stunden zu einer gewaltigen Verkaufswelle - Anleger wollten so schnell wie möglich durch die Drehtür nach draußen. Panikartige Verkaufswellen trieben die Kurse nach unten und je weiter die Kurse sanken, desto weniger Käufer waren bereit, die Papiere abzunehmen.

---

[*] Eine Hausse bezeichnet einen allgemeinen Anstieg der Preise.

Innerhalb weniger Stunden brachen S&P500 und Dow Jones um über 20 Prozent ein. Auch in den folgenden Wochen gingen die Börsen weltweit auf Tauchstation - die Aktienkurse fielen um bis zu 40 Prozent.

Bis heute ist nicht eindeutig geklärt, warum es am Schwarzen Montag zu einer derartigen Verkaufswelle kam. Zwar gab es Gerüchte über eine neue Zinserhöhung in den USA - die FED hatte 1987 bereits über sieben Mal die Zinsen angehoben - aber warum es gerade an dem Montag knallte, ist nicht eindeutig bestimmbar.

Der Schwarze Montag kann daher als erster *Flash Crash* in der Geschichte bezeichnet werden.[*] Eine Untersuchung der FED kam zu dem Schluss, dass Herdenverhalten, Optionsgeschäfte, das Aufkommen von Computer-Trading und einsetzende Margin Calls[†] zu einer Verkaufskaskade führten, deren Ursachen und Auswirkungen sich innerhalb weniger Stunden gegenseitig verstärkten und das Finanzsystem durchschüttelten.[10]

---

[*] Der Begriff *Flash Crash* wurde erst später eingeführt, als es am 6. Mai 2010 an der New Yorker Börse zu einem extremen Kursverlust kam. Der Dow Jones Index verlor innerhalb weniger Minuten 9 Prozent seines Wertes, was einem Verlust von ungefähr 500 Milliarden US Dollar entsprach.

[†] Bei einem Margin Call fordert die Bank zusätzliche Sicherheiten, um die Verluste kreditfinanzierter Aktien ausgleichen zu können. Kommt der Anleger dem Margin Call nicht nach, werden die Aktienpositionen liquidiert.

Der Crash von 1987 zeigte auf, wie fragil das Finanzsystem unter den damaligen technischen Bedingungen schon war und dass sich innerhalb weniger Stunden Milliardenvermögen in Luft auflösen können.

Im Vergleich zu 1987 ist die Handelsgeschwindigkeit heute um ein Vielfaches höher, Informationen und Gerüchte verbreiten sich mit Lichtgeschwindigkeit. Gleichzeitig sind die Margin-Anforderungen niedriger als in den 1980ern.

Kommt es zu einer Verkaufswelle, dann dauert es heute nicht mehr Stunden, bis der Markt nach unten rauscht, sondern nur noch wenige Minuten.

Der Japan-Crash

An der japanischen Börse sorgte der Schwarze Montag nur für ein kurzes Gewitter. Schon im Frühjahr 1988 hatte der Nikkei wieder sein Vorkrisenniveau erreicht und setzte zum finalen Sprung an.

Die japanische Wirtschaft boomte in den späten 1980ern durch hohe Exporttätigkeit, Deregulierung und Überschussliquidität im japanischen Bankensektor. Selbst kurze Gewitter konnten die Euphorie, die in der japanischen Wirtschaft und am Aktienmarkt vorherrschte, nicht eintrüben.

Die Japanische Zentralbank hielt den Leitzins noch bis Ende 1988 bei 2,5 Prozent, die offizielle Inflationsrate war niedrig und lag Ende 1988 bei gerade einmal 1 Prozent. Gleichzeitig stiegen die Immobilienpreise im Großraum Tokio in immer absurdere Höhen. Tokio war zu dieser Zeit teurer als der gesamte Immobilienbestand der USA.[11]

Der Nikkei legte ab 1988 noch einmal um 46 Prozent zu und erklomm zum Jahreswechsel 1989/1990 die 38.000er Marke.

Die außer Rand und Band laufende Spekulationsblase im japanischen Immobilien- und Aktienmarkt beunruhigte die japanische Regierung zusehends und ab 1989 begann die japanische Zentralbank mit der schrittweisen Anhebung des Leitzinses. Doch es war zu spät, die Blase war schon zu groß. Ein langsames Schrumpfen war nicht mehr möglich. Die Anhebung der Zinsen führte zu einer restriktiveren Geldvergabe und damit wurde dem Heißluftballon schlagartig die Luft entzogen. Schließlich platzte im Frühjahr 1990 die Blase und der Nikkei verlor innerhalb eines Jahres über 40 Prozent seines Wertes. Japan stürzte in die größte Wirtschaftskrise der Nachkriegszeit, mit deren Folgen das Land die nächsten Dekaden kämpfen würde.[*]

---

[*] Der Nikkei pendelt seit 2000 immer wieder zwischen der 10.000 und 20.000 Punktemarke und liegt damit immer noch 50 Prozent unter seinem Allzeithoch von 38.000 Punkten.

DIE 1990ER BEGINNEN

Die 1990er sollten so turbulent beginnen wie die 1970er. Die japanische Blase brach zusammen, die USA rutschten in die Rezession, der Ölpreis verdoppelte sich und der Ostblock brach unter 40 Jahren Misswirtschaft in sich zusammen.

In Deutschland überdeckte der Wiedervereinigungsboom die seit den 1970ern bestehenden strukturellen Probleme wie hohe Arbeitslosigkeit, erdrückende Sozialabgaben, überbordende Bürokratie und sinkendes Wachstum.

Trotz aller Warnungen der Ökonomen setzte die Regierung Kohl in der Wiedervereinigung einen Umtauschkurs von DDR Mark zu Deutscher Mark in Höhe von 1:1 für Löhne, Gehälter, Renten, Mieten und 2:1 für größere Geldvermögen fest. Die seit Jahren von Überkapazitäten geplagte Westwirtschaft erhielt über Nacht einen gewaltigen Nachfrageimpuls als 16 Mio. neue Bundesbürger mit einer Kaufkraft ausgestattet wurden, die ihre damalige Produktivität um ein Vielfaches überstieg. Die Kaufkraft in den neuen Bundesländern wurde massiv angehoben und sorgte für ein Aufflammen der Nachfrage nach westlichen Konsumartikeln.

Die Verlierer der starken Aufwertung waren die Ost-
firmen. Ihre Produkte waren kaum wettbewerbsfähig, die
Nachfrage war zusammengebrochen und durch die Aufwertung wurden die Produkte zusätzlich verteuert. Die
Ostwirtschaft lag am Boden.

Nach der Wiedervereinigung flossen riesige Sozial-
transfers in den Osten und die schnelle Erhöhung des
Lohnniveaus führte zu einem immer stärker werdenden
Auseinanderklaffen zwischen Einkommen und Produktivität. Der Osten wurde dadurch zu teuer und als Wirt-
schaftsstandort unattraktiv - die offizielle
Arbeitslosenrate stieg bis auf 20 Prozent.

Anstatt der Ostwirtschaft die Möglichkeit zu geben,
aus eigener Kraft zu wachsen, setzte sich die Regierung
Kohl über jegliche ökonomische Realitäten hinweg und
wollte eine schnelle Angleichung des Ostens an den
Westen mit Hilfe der Transferleistungen.

Die Regierung Kohl pumpte enorme Summen in den
Aufbau Ost und finanzierte den Aufbau über die Sozial-
systeme und eine Ausweitung der Staatsverschuldung.
Von 1990 bis 1995 verdoppelten sich die deutschen
Staatsschulden von 500 Mrd. auf 1 Billion Euro.

Kohl konnte sich dadurch die Wiederwahl sichern
und als Kanzler der Einheit in die Geschichtsbücher
eingehen. Die Schattenseite der Medaille ist eine andau-
ernde Misere der Ostwirtschaft, die auf ständige Transferleistungen angewiesen bleibt.

DIE CLINTON-ÄRA

In den USA trat 1992 der damalige Gouverneur von Arkansas, Bill Clinton, gegen den zunehmend unpopulärer werdenden amtierenden Präsidenten George Bush an. Anfang der 1990er kämpften die USA mit steigenden Arbeitslosenzahlen und einem immer größer werdenden Budget- und Außenhandelsdefizit. Die Amerikaner begannen in den 1980ern, mehr zu importieren als zu exportieren, und bezahlten dieses Defizit mit frisch gedrucktem Geld.[*]

Clintons wirtschaftspolitscher Kurs basierte im Wesentlichen auf einer strikteren Ausgabenkontrolle zur Verringerung des Budgetdefizits, Investitionen in die Infrastruktur und niedrigen Zinssätzen, um private Investitionen anzuregen.

Mit dem Slogan „it's the economy, stupid" (Auf die Wirtschaft kommt es an, Dummkopf) gewann Clinton die Wahlen und zog im Januar 1993 als 42. Präsident der USA ins Weiße Haus ein.

---

[*] Seit den 1980ern stieg das Außenhandelsdefizit kontinuierlich von 1 Prozent auf über 5 Prozent der Wirtschaftsleistung im Jahr 2008 an, und die USA entwickelten sich seit Reagan zur größten Schuldnernation der Welt.

Tatsächlich konnte die Regierung Clinton von 1998 bis zum Ende der zweiten Amtszeit 2001 einen Budgetüberschuss erreichen, und die US Staatsschulden sanken im Verhältnis zum Bruttosozialprodukt das erste Mal seit den 1970ern.

Die FED konnte unter Alan Greenspan die Zinsen aufgrund der geringen Verbraucherinflation niedrig halten und damit die Kreditvergabe für Investitionen und Konsum anregen.

Die Clinton-Jahre bescherten den USA eine neue Ära der Prosperität - neue Jobs entstanden und die Haushaltseinkommen stiegen.

Im Bereich der Finanzmarktregulierung setzte die Regierung Clinton 1999 mit der de facto Außerkraftsetzung des *Glass-Steagall-Act* einen weiteren Grundstein für die Deregulierung der Finanzmärkte. Auch wurde die Vergabe von Hypothekenkrediten an untere Einkommensschichten mit schlechter Bonität, als Teil der *National Homeownership Strategy*, ausgeweitet. Die Konsequenzen beider Entscheidungen sollten sich erst Jahre später zeigen.

Die Dot.Com Blase

Ende der 1990er traten das Internet und Technologiewerte immer mehr in den Fokus der öffentlichen Wahrnehmung und die Kombination aus niedrigen Zinsen und gigantischen Wachstumsaussichten fütterten einen nie dagewesenen IPO-Boom.[*] Auf dem Höhepunkt 1999 gab es allein in den USA 457 Börsengänge, die überwiegend aus dem Technologie-Sektor stammten.

Start-ups ohne plausibles Unternehmenskonzept drängten, finanziert durch Risikokapitalgeber, an die Börse und wurden zu Preisen gehandelt, die jenseits jeglicher Vernunft lagen. Schon 1996 warnte der damalige FED-Chef, Alan Greenspan, in seiner *Irrational Exuberance* (unvernünftiger Überschwang) Rede vor einem Auseinanderdriften von Asset-Preisen und Ertragskraft. Greenspan sah schon 1996 die ersten Anzeichen einer Übertreibung am Aktienmarkt und warnte vor den möglichen Folgen eines *unvernünftigen Überschwangs*, wie sie Japan erst kürzlich erfahren hatte. Der amerikanische Leitindex für Technologiewerte, Nasdaq Composite, notierte damals noch bei 1.200 Punkten und hatte sich gerade erst warm gelaufen.

---

[*] IPO (Initial public offering) bezeichnet den Börsengang von Start-ups. Im Rahmen des IPO sammelt das Start-up bei Investoren Geld ein und vergibt dafür Anteile am Unternehmen - sprich Aktien.

Der *unvernünftige Überschwang* setzte erst in den Jahren 1998 bis 2000 ein. Von 1996 bis zum Höhepunkt der Blase im Jahr 2000 kam es noch zu einer Verfünffachung der Kurse an der Technologiebörse Nasdaq.

Nachdem am 10. März 2000 der Höhepunkt erreicht war, begannen die Kurse in die Tiefe zu rauschen. Die Anleger bemerkten, dass die verlustmachenden Start-ups in der Tat „Verluste" machten und viele nie profitabel arbeiten werden würden. Die Stimmung drehte sich um 180 Grad von Euphorie in Richtung Depression und die Anleger trennten sich von ihren Anteilen. Der Nasdaq Composite verlor bis Ende 2002 78 Prozent seines Wertes.

Der in Deutschland 1997 nach dem Vorbild der Nasdaq aufgelegte *Neue Markt*, Nemax, büßte von seinem Hoch bei über 8.000 Punkten ganze 95 Prozent ein und musste am 5. Juni 2003 geschlossen werden.

Die Internetblase war geplatzt und die Stimmung der Anleger war auf dem Tiefpunkt. Der deutsche Leitindex Dax verlor innerhalb von 3 Jahren 62 Prozent seines Wertes und notierte 2003 wieder auf dem Stand von 1996.

2

....

DER CRASH 2008

Nach dem Platzen der New Economy Blase suchten die vielen in der Welt umherirrenden US Dollar, Euro und Yen nach rentablen Anlagen. Die Zinsen waren sehr niedrig und machten Anleihen unattraktiv. Von Aktien hatten die Anleger nach den Erlebnissen mit der Dot.com Blase erst einmal die Nase voll. Da kam der amerikanische Immobilienmarkt wie gerufen. Denn seit Jahren stiegen in den USA die Immobilienpreise - selbst der Zusammenbruch der New Economy, in dessen Verlauf die Anleger hohe Verluste einfuhren, konnte die Stimmung am US Immobilienmarkt kaum eintrüben.

DER STAAT LEGT DAS FUNDAMENT

Der amerikanische Staat legte durch ein ganzes Bündel an Maßnahmen das Fundament, auf dem Jahre später die größte Immobilienblase der Geschichte entstehen sollte.

Schon unter US-Präsident Roosevelt wurde im Rahmen des *New Deal* der 1930er und den damit verbundenen staatlichen Ausgabenprogrammen zur Beendigung der Großen Depression, eine Initiative ins Leben gerufen, die es ermöglichen sollte, den Markt für Hypotheken zu vergrößern. Dazu gründete man 1938 die staatliche Hypothekenbank „Federal National Mortgage Association", auch bekannt als *Fanni Mae*. Als teilstaatliche Bank profitiert Fannie Mae von einer günstigen Finanzierung am Kapitalmarkt und ihre Aufgabe ist es, Hypothekendarlehen in Anleihen zu verbriefen, damit diese an Investoren weiterverkauft werden können. Damit wird es lokalen Banken ermöglicht, mehr Immobilienkredite zu vergeben, als durch ihre eigenen Guthaben gedeckt sind.

Eine lokale Bank übergibt ein Hypothekendarlehen an Fanni Mae und diese bündelt es mit anderen Krediten. Im Gegenzug erhält die Bank den monetären Gegenwert der Hypothek ausgezahlt und kann dieses Geld wieder nutzen, um einen neuen Hypothekenkredit zu vergeben. Damit kann die Bank mehr Kredite vergeben, als wenn sie diese in ihren Büchern lassen würde und mit Eigenkapital absichern müsste.

Nach der Teilprivatisierung von Fannie Mae im Jahr 1968 wurde noch eine weitere Hypothekenbank ins Leben gerufen, die „Federal Home Loan Mortgage Corporation", kurz *Freddie Mac*.

Im staatlichen Geflecht der Immobilienförderung kommt Freddie Mac eine besondere Aufgabe zu, denn Freddie Mac übernimmt gegen Gebühr das Kreditrisiko der Hypothekenanleihen.

Neben der Verbriefung von Hypothekenkrediten entstand über die Jahre ein ganzes Bündel an staatlichen Maßnahmen, das es mehr Menschen ermöglichen sollte, ein eigenes Heim zu erwerben. In seiner 1995 verabschiedeten *National Homeownership Strategy* formulierte Clinton das Ziel, bis zum Jahr 2000 8 Mio. zusätzlichen Familien, insbesondere einkommensschwachen, den Erwerb von Eigenheimen zu ermöglichen.

Es herrscht Party

Nachdem die Dot.com Blase im Jahr 2000 platzte, senkte die FED den Leitzins auf den bis dato historisch niedrigsten Wert von 1 Prozent. Auch wenn die Verbraucherinflation niedrig war, so war sie doch höher als 1 Prozent. Das bedeutete, man wäre dumm gewesen, keine Kredite aufzunehmen, und da der Immobilienmarkt seit Jahren nur nach oben ging, wurde für Viele das eigene Haus zum integralen Bestandteil des *American Dream*.

Nicht nur das eigene Haus gelangte in Reichweite, auch die Spekulation mit Immobilien wurde durch den *Taxpayer Relief Act of 1997* weiter gefördert. Ab 1997 war der Erwerb von Immobilien die einzige legale Methode, Kapitalertragssteuern zu vermeiden, wie sie bei der Veräußerung von Aktien, Anleihen oder anderen Anlagen fällig werden.

Die Amerikaner begannen mit Häusern zu handeln, als würden sie auf dem Schulhof mit Murmeln spielen. Auf dem Höhepunkt der Blase war es nicht ungewöhnlich, dass eine Kellnerin mit einem Jahreseinkommen von 20.000 US Dollar einen Hypothekenkredit in Höhe von einer halben Million bekam.

Die Banken beliehen die Häuser zum aktuellen Marktwert, denn Immobilen galten als sichere Anlage und niemand konnte sich erinnern, wann die Preise je gefallen waren!

Der amerikanische Konsument, der seit Jahren mit sinkendem Reallohn konfrontiert war, nutzte die „Wertsteigerung" seiner Immobilie und nahm einen neuen Kredit auf, mit dem er den Alten ablöste und mit dem Restbetrag seinen Lebensunterhalt finanzierte.

Die Immobilienpreise stiegen innerhalb von nur 6 Jahren um 72 Prozent.[12] Bei einem 500.000 Dollar Haus sind das 60.000 Dollar Wertsteigerung pro Jahr. Je größer und teurer das Haus, desto höher der Betrag der jährlichen Wertsteigerung.

Der Konsum lief auf Hochtouren und es wurde alles gekauft, was die Werkbänke der Welt an Produkten hergaben - von BMW über iPhone bis zu Jacuzzi. Die deutschen und chinesischen Exportfirmen freuten sich über eine rege Nachfrage - Umsätze, Gewinne und Aktienkurse stiegen. Die Aktienmärkte in Europa und den USA erholten sich von ihrem Tief im Jahr 2003 und stiegen bis 2008 um über 300 Prozent!

DAS PAPIER WANDERT UM DIE WELT

Im Zuge der staatlichen Förderung von Immobilienkrediten kam es über die Jahre zu einer Herabsetzung der Bonitätsanforderung an Schuldner. Somit kamen nun auch Schuldner ohne Sicherheiten und regelmäßigen Einkommen in den Genuss einer Immobilie. Diese auch als Ninja (No Income, No Job, No Assets) bekannt gewordenen hochriskanten Kredite wurden von den Banken zu Bündeln zusammengeschnürt. Es war gängige Praxis, viele faule Kredite mit ein paar guten zu vermengen, was im Endergebnis zu einer soliden Hypothekenanleihen führen sollte.

Die Ratingagenturen, die für die Bewertung der Anlagen zuständig waren, versahen die hoch toxischen Anleihen mit den besten Bewertungen (AAA) und so wanderten amerikanische Immobilienkredite ohne nennenswerte Sicherheiten in die Bücher deutscher Banken und Versicherer. Denn diese stehen seit Jahren vor der Wahl, langweilige und kostenintensive Mittelstandskredite zu vergeben oder doch lieber das Geld ins Ausland zu tragen. Letzteres erwies sich bis 2008 als weitaus ergiebiger und war Dank „AAA"-Rating auch (vermeintlich) sicherer, als deutsche Investitionstätigkeit zu fördern.

Damit wanderte deutsches Sparvermögen, das bei Banken und Versicherern angelegt wurde, um damit den späteren Ruhestand aufzubessern, in die USA und finanzierte dort der Cocktail-Kellnerin den Lebensunterhalt. Dass die Finanzierung einer seit Jahren auf Pump und damit auf Kosten der Anderen lebenden Gesellschaft als rentable und langfristige Anlage betrachtet wurde, lässt auf die Geschäftspraktiken der deutschen Banken schließen. Aber die kurzfristigen Gewinne wiegen in einem System, in dem man immer nur bis zum nächsten Bonus denkt, stärker als langfristige Solidität. Besonders eifrig waren deutsche Landesbanken.

Neben der US Immobilienblase finanzierte das deutsche Sparkapital auch die südeuropäische Immobilien- und Staatsblase - das sei aber nur am Rande erwähnt.

Es gibt keine Spekulationsblase

Anfang 2006 neigte sich die Amtszeit von Alan Greenspan nach mehr als 18 Jahren als FED-Chef dem Ende entgegen. Sein designierter Nachfolger, Ben Bernanke, dessen Forschungsthema u.a. die Geldpolitik während der Großen Depression war,[13] sagte bei einer Kongressanhörung 2005, dass *er nicht glaube, der Immobilienmarkt sei in einer Blase, die davor stünde, zu platzen.*[14] Laut Bernanke beruhen die seit 25 Jahren steigenden Immobilienpreise auf *starken ökonomischen Fundamentaldaten.*

Damit ging Bernanke in die Geschichte ein, als er auf dem Höhepunkt der Immobilienblase verkündete, er sehe keine Blase.

Wenn ein Notenbank-Chef und promovierter Volkswirt, der die Große Depression studierte, keine Spekulationsblasen erkennen kann, dann kann es niemand oder?

Es gibt einen einfachen Indikator, der misst, ob man es mit einer Spekulationsblase zu tun hat - *wenn Preise stärker steigen als Einkommen,* dann befindet man sich mit hoher Wahrscheinlichkeit in einer Blase. Bei Immobilien betrachtet man die Entwicklung der mittleren Preise im Vergleich zum mittleren Einkommen.

Mittlere Immobilienpreise und Einkommen - USA

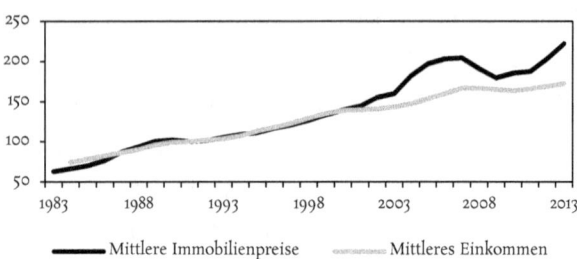

Quelle: US Federal Reserve

Bis ins Jahr 2000 stiegen die Preise für Immobilien im Einklang mit den Einkommen. Ab 2001, also noch während die Dot.com Blase platzte, spreizt sich die Entwicklung auf und die Preise steigen wesentlich stärker als die Einkommen. Ende 2005, als Bernanke nicht an eine Blase glaubte, war die Diskrepanz zwischen Einkommen und Preisen so hoch wie noch nie.[*]

Kostete ein Haus im Jahr 2000 noch das 3-fache des jährlichen Einkommens eines Haushaltes, war es auf dem Höhepunkt der Blase 2006 das 4,5-fache.

---

[*] Die Korrektur von 2008 -2010 wurde jüngst durch eine massive Ausweitung der Geldmenge beendet und die Diskrepanz zwischen Immobilienpreisen und Einkommen ist 2013 (letzte verfügbare Daten) höher als 2006!

Die Spekulationsblase wurde für kritische Zeitgenossen immer offensichtlicher, jedoch nicht für die Masse der Anleger. Kollektive Selbsttäuschung, die innerhalb von Spekulationsblasen um sich greift wie eine ansteckende Krankreit, verschränkte den Blick der Marktteilnehmer auf das Wesentliche - langfristig können die Preise von Immobilien nur im Gleichklang mit den Einkommen steigen. Dieser elementare Zusammenhang gilt auch für alle anderen Vermögensgegenstände. Auch der Preis einer Aktie hängt langfristig davon ab, wieviel das Unternehmen an Einkommen generieren kann. Kurzfristig, das können auch mehrere Jahre sein, kann es jedoch immer zu Übertreibungen kommen, die weder von Politikern, Ökonomen oder der Mehrheit der Marktteilnehmer erkannt werden.

DIE VORBOTEN DES CRASHS

Ab 2004 begann die FED, die Zinsen wieder anzuziehen, und erhöhte bis 2006 schrittweise den Leitzins auf 5,25 Prozent. Das klingt nicht viel, verteuert aber einen Kredit, der Anfang 2003 noch zu effektiven 3 Prozent zu haben war, um das 3-fache. Da viele Hypothekenkredite mit variablen Zinssätzen versehen waren, kamen Schuldner dieser Kredite als erstes in Bedrängnis.

Außerdem erhöhten sich die Zahlungen an die Kredit-kartengesellschaften - auf einmal konnte man sich die Zinsen nicht mehr leisten. Die Kreditkartenausfälle stiegen ab 2007 merklich an, gleichzeitig begannen an vielen Orten die Immobilienpreise zu stagnieren und teilweise zu fallen. Damit brach das Finanzierungskonzept vieler Amerikaner, das im Wesentlichen auf Schulden basierte, zusammen.

Vom Höhepunkt der Immobilienblase dauerte es noch zwei Jahre bis die Ausfalllawine die Immobilien-fonds, Hedgefonds und Banken erwischte. Im September 2008 erreichte die Krise mit dem Zusammenbruch der Investmentbank Lehman Brothers ihren vorläufigen Höhepunkt.

Der Größte anzunehmende Unfall

Im Spätsommer 2008 stand das weltweite Finanzsystem kurz vor der Kernschmelze. Mit der Insolvenz von Lehman Brothers, die zu viele faule Papiere in ihren Büchern hatten, setzte eine Kettenreaktion ein, die zu einem Einfrieren des kompletten Interbankenmarktes führte. Durch die Praxis der Verbriefung von oftmals faulen Hypothekenkrediten bonitätsschwacher Amerikaner und dem Verkauf dieser Produkte an Investoren in der ganzen Welt, hatte sich das Ausfallrisiko wie ein Virus in die Bücher der weltweiten Banken gelegt.

Da keine Bank wusste, wie hoch das Kreditrisiko einer anderen Bank war - viele Banken wussten nicht einmal, wie stark sie selbst betroffen waren - liehen sich die Banken untereinander kein Geld mehr. Und weil Banken seit Jahren kaum mehr Eigenkapital vorhalten mussten, bestand die Gefahr, dass sie innerhalb weniger Tage umfallen wie Dominosteine. Die Zeit drängte und ein Bank Run wurde immer wahrscheinlicher.

Bei einem Bank Run versuchen die Kunden einer Bank, ihre Guthaben von ihrem Konto abzuheben. Da Banken aber nicht genug Bargeld vorrätig haben, um alle Kunden auszuzahlen, schließt die Bank ihre Pforten und niemand kommt mehr an sein Geld.[*]

Dem amerikanischen Kongress wurde die Pistole auf die Brust gesetzt und er musste innerhalb weniger Tage über die Gewährung von 700 Mrd. US Dollar zur Rettung der Banken abstimmen.

Die Verluste der teilstaatlichen Fannie Mae und Freddie Mac beliefen sich auf gut 15 Mrd. US Dollar. Laut Schätzungen kostete die Rettung der beiden Institute den amerikanischen Steuerzahler bis 2013 187 Mrd. US Dollar.[15]

---

[*] Im Euroraum ist nur jeder 12. Euro auf dem Konto durch Bargeld gedeckt. Zuletzt kam es 2013 in Zypern zu einem Bank Run und einer Konfiszierung der Kundengelder, die über den Betrag von 100.000 Euro hinausgingen.

Aber die Probleme waren nicht nur auf die USA beschränkt, sondern schwappten nach Europa über. In
Deutschland gerieten viele Landesbanken in Bedrängnis
- darunter die sächsische Landesbank und die WestLB -
weil sie mit Hypothekenanleihen an dem großen Rad
gedreht hatten. Die Hypo Real Estate konnte nur mit
Garantien in Höhe von 123 Mrd. Euro vor dem Zusammenbruch bewahrt werden.

Im Eilverfahren musste 2008 der Finanzmarktstabili-
sierungsfonds (SoFFin) aus der Taufe gehoben werden,
um im Notfall Bankverluste in Höhe von bis zu 400 Mrd.
Euro abfangen zu können.

Die Bundesregierung musste sich vor die Fernsehkameras stellen und die Sicherheit der Einlagen bei
deutschen Banken garantieren. Gleichzeitig schmierte
die Realwirtschaft weltweit ab. Die Banken vergaben
keine Kredite mehr und die ständigen Hiobsbotschaften
verschlechterten das Konsumklima. In den USA mussten
die Verbraucher mit der drohenden Insolvenz kämpfen
und der amerikanische Konsum brach massiv ein. Die
Importe aus Deutschland und China wurden nicht mehr
gekauft. Die Unternehmen verringerten ihre Produktion
und entließen Arbeitnehmer. Eine Spirale aus fallender
Güternachfrage und steigender Arbeitslosigkeit entstand.

In Deutschland brach das Bruttoinlandsprodukt um
über 5 Prozent ein - der größte Einbruch der Nachkriegszeit.

Selbst in China kam es zu einem Einbruch des Wirtschaftswachstums von 14 Prozent im Jahr 2007 auf um die 9 Prozent in den Jahren 2008 und 2009.[*]

DIE KRISE DES EURORAUMS

Neben dem Platzen der amerikanischen Immobilienblase, das zu schweren Beben bei europäischen Banken führte, leidet der Euroraum noch an einem weiteren Problem - einer kaum lebensfähigen Einheitswährung.

Im Euro müssen so unterschiedliche Volkswirtschaften wie Deutschland und Italien unter einen Hut gebracht werden. Vor der Euroeinführung im Jahr 1999 konnte jedes Euroland seine Währung gegenüber den anderen Euroländern abwerten und damit einen Verlust der eigenen Wettbewerbsfähigkeit ausgleichen. Wertet ein Land seine Währung gegenüber einer anderen ab, so verbilligen sich die Exporte. Gleichzeitig wird die Kreditaufnahme teurer, weil ausländische Kreditgeber einen höheren Zins fordern, um das Risiko einer zukünftigen weiteren Abwertung zu kompensieren. Steigt in einem Land die Produktivität schneller als die Preise und es wird damit wettbewerbsfähiger, führt das in den meisten Fällen zu einer Aufwertung der Währung.

---

[*] Die chinesischen Wirtschaftsdaten sind sehr fragwürdig und politisch festgelegt, daher ist es wahrscheinlich, dass der Einbruch mehr als 5 Prozentpunkte betrug.

Das bedeutet, die Kaufkraft der aufgewerteten Währung erhöht sich im Ausland. Freie Wechselkurse führen so zu einem Ausgleich der unterschiedlichen wirtschaftlichen Entwicklungen der Länder.

So nutzte die italienische Zentralbank regelmäßig die Möglichkeit zur Abwertung, um italienische Produkte im Ausland wieder konkurrenzfähig zu machen.

Erhielt man 1985 noch 1,66 DM für 1.000 Lira, so waren es 10 Jahre später nur noch 83 Pfennig. Die Lira wertete um 50 Prozent ab und im Gegenzug verbilligten sich italienische Produkte und Dienstleistungen für deutsche Konsumenten um 50 Prozent. Eine Italienreise war Mitte der 1990er für deutsche Urlauber günstiger als ein Urlaub im Inland, auch der Kauf italienischer Automobile und anderer Exportprodukte war aus deutscher Sicht günstig.

Nach dem Beschluss über die Euroeinführung wurden die Wechselkurse festgelegt und Abwertungen waren somit nicht mehr möglich. Das Wechselkursrisiko entfiel und Anleger waren nun bereit, italienischen Kreditnehmern Zinssätze anzubieten, die nur gering- fügig über den Zinsen für deutsche Kreditnehmer lagen. Es kam zu einer Konvergenz der Zinsen im Euroraum.

Die nachfolgende Grafik zeigt die Entwicklung der Zinsverlaufskurven für ausgewählte Euroländer anhand der Rendite für 10-jährige Staatsanleihen.

Zinsverlaufskurven

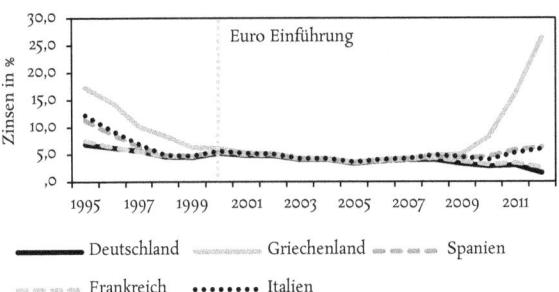

Quelle: Eurostat, Bloomberg, Daten bis 2012

Musste der italienische Staat 1995 für Kredite noch 12 Prozent Zinsen zahlen, so waren es nach der Euroeinführung nur noch 5 Prozent und damit nur geringfügig mehr, als der deutsche Staat zahlen musste. Die Zinsen der einzelnen Euroländer näherten sich dem deutschen Zinsniveau an.

Die niedrigen Zinsen in der Euro-Peripherie sorgten dort für eine steigende Kreditnachfrage. Denn die Inflationsrate in den Ländern war höher als in Kerneuropa und der von der EZB festgelegte Leitzins musste allen unterschiedlichen Volkswirtschaften des Währungsverbundes gerecht werden. Während der Leitzins Anfang der 2000er für Deutschland zu hoch war, war er für die Euro-Peripherie zu niedrig. In Spanien war die Inflationsrate höher als die Zinsen - damit war es zum Beispiel günstig für spanische Häuslebauer, eine eigene Immobi-

lie zu erwerben. Ein gewaltiger Immobilienboom entstand, finanziert auch durch deutsches Sparkapital, das
von den deutschen Banken an spanische Banken vergeben wurde. Deutsches Sparvermögen floss aus Deutschland heraus und finanzierte nun die Immobilienblase in
Spanien.

Die Immobilienpreise stiegen in Spanien seit der Euroeinführung bis zum Höhepunkt der Blase im Jahr 2007
um 144 Prozent. Die ausstehenden Hypothekendarlehen
vervierfachten sich im selben Zeitraum von 253 Mrd. auf
über eine Billion Euro.[16] In Spanien sorgte der boomende
Bausektor für steigende Beschäftigung und Einkommen.

Aber nicht nur die spanische Immobilienblase wurde
durch die Euroeinführung möglich gemacht, sondern
auch die Finanzierung des chronisch kaputten griechischen Staatsapparates. Noch nie war es für den griechischen Staat so günstig, an Kredite heranzukommen. Und
die Griechen handelten wie jeder andere auch handelt,
dem Geld quasi für lau angeboten wird, er greift zu. Der
griechische Staatsapparat dehnte sich aus und schaffte
neue Beamtenstellen. Das günstige Geld führte innerhalb
von 7 Jahren, bis zum Ausbruch der Krise, zu einer Ver-
dopplung der griechischen Staatsausgaben.

Das in die Euro-Peripherie fließende Geld sorgte dort
für einen inflationären Boom. Die Preise begannen,
schneller zu steigen als die Produktivität. Damit wurden
die Länder im Vergleich zu Deutschland immer teurer.

Konnte man als deutscher Tourist noch Mitte der 1990er günstig auf die griechischen Inseln reisen, so wurde Griechenland mit der Einführung des Euro als Reiseziel immer unattraktiver. Die Touristenströme zogen allmählich weiter in die Türkei, die die gleichen klimatischen Bedingungen bietet, aber um ein Vielfaches billiger ist.

Die deutsche Misere unter dem Euro

Während es nach der Einführung des Euro in vielen Ländern zu einem Boom kam - Spanien und Griechenland wuchsen bis 2007 um 55 Prozent - kam Deutschland Anfang 2002 in die Flaute und kämpfte mit steigender Arbeitslosigkeit und sinkender Investitionstätigkeit im Inland. Die Arbeitslosenquote stieg von 8 Prozent im Jahr 2002 bis auf über 11 Prozent im Jahr 2005.

Deutschland zählt aufgrund der Exportüberschüsse schon seit Jahren zu den kapitalexportierenden Ländern und damit hinter Japan und China zu den größten Gläubigernationen der Erde. Deutsches Kapital floss nach der Euroeinführung sowohl in die Länder der Euro-Peripherie als auch in die USA und finanzierte dort die Immobilienkäufe und Staatsausgaben.

Im Kapitalismus führt eine örtliche Verschiebung von Geldern zu mehr Wachstum an dem Ort, wo das Geld hinfließt. Dort, wo mehr Geld vorhanden ist, kann investiert werden.

Auch wenn sich die Investitionsvorhaben im Nachhinein als Luftnummer erweisen, so können sie doch für einen gewissen Zeitraum zu einem inflationären Boom führen. Im Gegenzug kommt das Land, aus dem das Geld herausfließt, in die Flaute, und so waren die Anfangsjahre nach dem Jahrtausendwechsel in Deutschland geprägt von Standortdebatten und der sinkenden Wettbewerbsfähigkeit der eigenen Wirtschaft. Die Agenda 2010 der Regierung Schröder versuchte, über die Absenkung der Sozialleistungen den Anreiz für mehr Beschäftigung zu erhöhen. Effektiv kam es durch die Absenkung des Arbeitslosengeldes auf Sozialhilfeniveau zu einer Absenkung des Mindestlohnes.[*] Denn ein Arbeitgeber muss mindestens den Lohn zahlen, den ein Arbeitsloser als Sozialleistung erhält, um einen Anreiz für die Aufnahme des Jobs bieten zu können.

In Deutschland entstanden nun zunehmend Jobs im Niedriglohnbereich, die vor Hartz IV nicht besetzt werden konnten, weil die Bezahlung im Vergleich zu den Sozialleistungen zu niedrig gewesen war.

---

[*] Das Sozialhilfeniveau wirkt wie ein indirekter Mindestlohn.

Durch die Agenda 2010 entstand ab 2006 ein Jobwunder im Niedriglohnbereich und bei den Zeitarbeitsverträgen.

Die deutsche Wirtschaft ist sehr stark vom Export abhängig und damit anfällig für konjunkturelle Zyklen und die damit verbundenen Schwankungen der Auftragslage. Gerät die Weltwirtschaft in die Rezession, müssen exportorientierte Unternehmen Arbeitnehmer entlassen. Die Arbeitslosigkeit würde stark ansteigen.

Der deutsche Staat federt über Kurzarbeitergeld Nachfrageflauten bei den Firmen ab und verhindert so eine Entlassung der Mitarbeiter. Auch Zeitarbeitsverträge waren dafür gedacht, Unternehmen das Anwerben von Mitarbeitern während der Auftragsspitzen zu erleichtern. Denn in Deutschland sind die Hürden, um einen Mitarbeiter einzustellen und zu entlassen, sehr hoch. Der Kündigungsschutz und andere Auflagen machen es für Unternehmen sehr teuer, Arbeitnehmer zu entlassen, insbesondere wenn sie älter und schon länger in der Firma tätig sind. Daher überlegen es sich Firmen, ob sie überhaupt einen Mitarbeiter unbefristet einstellen, denn im Notfall bekommen sie ihn kaum mehr los. Gerade bei älteren Arbeitnehmern führt das zu einer paradoxen Situation. Ältere Mitarbeiter sind quasi unkündbar, weil ihre Entlassung vor Arbeitsgerichten kaum durchsetzbar ist, und wenn, dann nur unter hohen Kosten.

Auf der anderen Seite werden ältere Arbeitnehmer, wenn sie dann entlassen werden, kaum mehr eingestellt, weil auch hier der Arbeitgeber nicht weiß, ob er den Arbeitnehmer im Zweifelsfalle wieder entlassen kann.

Die deutschen Arbeitsgesetze führen daher zu einer Zweiklassengesellschaft. In der ersten Klasse sitzen Arbeitnehmer mit unbefristeten, meistens Alt-Verträgen aus einer Zeit, als die Welt noch in Ordnung war, und in der zweiten Klasse sitzen alle, die in den Arbeitsmarkt hineinkommen wollen, aber aufgrund der starren Gesetzgebung auf den letzten Waggon verwiesen werden. Insbesondere für Jüngere und Arbeitslose bleiben dann nur Werkverträge, Minijobs und Praktika.

Bis zum Ausbruch der Krise 2008 profitierte Deutschland kaum von der Euroeinführung, denn die Vorteile der festen Wechselkurse wiegen kaum die Nachteile des vermehrten Kapitalexports und die dadurch möglich gemachten Spekulationsblasen in der Euro-Peripherie auf. Unter dem Druck steigender Arbeitslosigkeit und des Verlusts der eigenen Wettbewerbsfähigkeit – sprich, man war zu teuer - senkte die Regierung Schröder durch die Hartz IV Gesetzgebung den Mindestlohn und verbilligte damit den Standort Deutschland. Als Folge stagnieren die Reallöhne - die deutschen Arbeitnehmer konnten sich 1998 genauso viel leisten wie 2014!

Während in der Euro-Peripherie die Reallöhne bis 2007 stiegen, stagnierten die deutschen Löhne und damit wurde Deutschland ab 2008 der Krisengewinner, weil deutsches Kapital aufgrund der Verunsicherung im Ausland und der wiedergewonnenen Wettbewerbsfähigkeit zurück in den sicheren Hafen floss. Deutschland kam nach 2008 in den Boom und die Euro-Peripherie in die Rezession.

DIE GELDSPRITZE DER EZB

Nach dem Zusammenbruch der amerikanischen Immobilienblase 2008 versickerten schlagartig die in die Euro-Peripherie geflossenen billigen Kredite. Banken und Versicherungen waren nicht mehr bereit, Spanien und Griechenland Kredite zu gewähren, und wenn, dann nur mit gewaltigen Zinsaufschlägen. Wurde das Ausfallrisiko einzelner Staaten im Euroraum vor 2008 als gering eingeschätzt, so drehte sich die Risikoeinschätzung der Investoren mit dem Zusammenbruch von Lehman Brothers schlagartig und die billigen Kredite versiegten.

Die Kreditblasen hatten sich in den Ländern so aufgebläht, dass ein Wegbrechen des billigen Geldes zu einem Zusammenbruch von Banken und Staaten geführt hätte. In Spanien begannen sich die Privatinsolvenzen und Hypothekenausfälle zu häufen.

In Griechenland bekam der Staat kaum mehr eine Finanzierung über den internationalen Kreditmarkt.

Die EZB musste einspringen und den Banken mit gewaltigen Notkrediten zur Seite stehen, und über den Ankauf von Staatsanleihen die Renditen der Staatsanleihen senken, damit die bankrotten Staaten noch zu finanzierbaren Zinsen an frisches Geld kommen konnten.

Bis zum Sommer 2012 wurden von der EZB Staatsanleihen in Höhe von 211 Mrd. Euro gekauft. Dabei wird oft übersehen, dass die EZB die Papiere nicht selber kauft, dazu hat sie mit rund 30 Mrd. Euro gar nicht das entsprechende Eigenkapital, sondern sie veranlasst die nationalen Notenbanken, die Papiere entsprechend ihres Eigenkapitalanteils an der EZB zu kaufen.[17] Die deutsche Bundesbank ist mit 27 Prozent am Eigenkapital der EZB beteiligt und musste demnach für 57 Mrd. Euro Staatsanleihen der Krisenstaaten in ihre Bücher nehmen.

Gleichzeitig gewährte die EZB Kredite an europäische Banken in Höhe von über 530 Mrd. Euro für gerade einmal 1 Prozent Zinsen.[18]

Die Banken benutzen das billige Geld der EZB und kaufen neue vom Staat begebene Anleihen und finanzieren dadurch die Staatsblase. Auch wenn die Renditen auf Staatsanleihen sehr niedrig sind, liegen sie bei den meisten Peripherie-Ländern über 1 Prozent und bieten für Banken einen sicheren Gewinn.

Parallel dazu sichert der Europäische Rettungsschirm einen möglichen Verlust der Staatsanleihen ab. Für Banken ergibt sich daraus ein sicheres Geschäft ohne unternehmerisches Risiko. Die Verlierer dieser Bankensanierung sind die Sparer und Steuerzahler, die durch Null-Zinsen bei Bankguthaben und fallende Renditen auf ihre Lebensversicherung schleichend enteignet werden.

Mittlerweile wurde das Ausmaß der Ankaufprogramme aus dem Jahr 2012 noch einmal getoppt. Mario Draghi, der Präsident der EZB, verkündete Anfang 2015, man wolle bis September 2016 über den Kauf von Staatsanleihen und anderen Wertpapieren 1,14 Billionen Euro in den Finanzmarkt pumpen.

KEYNESIANISMUS 2.0

Die Situation in der Wirtschaft und am Finanzmarkt war 2008 so ernst, dass man befürchtete, die große Depression von 1929 würde sich wiederholen. Die Wirtschaftsindikatoren verschlechterten sich ab 2009 im Monatstakt. Die Wirtschaft war in eine Sackgasse geraten und die Politik musste handeln.

Die Rezepte des Keynesianismus wurden wieder aus der Schublade geholt und die Staaten begannen, über massive Ausgabenprogramme die Konjunktur wieder anzukurbeln.

In Deutschland wurden ab 2008 mehrere Konjunkturpakete verabschiedet, die eine Vielzahl an Maßnahmen und Förderungen enthielten, darunter die *Abwrackprämie* zur Stützung der Autoindustrie, die Förderung von Baumaßnahmen, Steuererleichterungen und Kurzarbeitergeld. Alle Förderungen sollten die einsetzende Rezession abmildern und wieder in einen Aufschwung münden.

Gleichzeitig schrillten bei den Notenbanken die Alarmglocken. Das erste Mal seit 1971 kam das Kreditwachstum ins Stocken, die Geldmenge sank und eine Deflation war im Begriff zu entstehen.

Die Notenbanken folgten ihrem Keynesianischen Handlungsmuster und stemmten sich mit allen Mitteln gegen den drohenden Kollaps des Geldsystems - die EZB senkte den Leitzins auf 1 Prozent, die FED auf 0,25 Prozent. Banken konnten sich nun fast kostenlos Geld bei den Notenbanken borgen und es in festverzinslichen Anlagen, hauptsächlich Staatsanleihen, investieren. Diese brachten zwischen 2 und 5 Prozent ein. Die Differenz war ein sicherer Gewinn, um die in den Büchern stehenden Verluste wieder aufzufangen.

Die Notenbanken öffneten die Geldschleusen und fluteten die Finanzmärkte mit neuem Geld. Da in einem ungedeckten Papiergeldsystem mehr Geld auch gleichzeitig mehr Schulden bedeutet, führte die Rettungsaktion der Notenbanken zwar kurzfristig zu einer Erholung, aber langfristig lassen die zusätzlichen Euro und Dollar die Kreditblase nur weiter ansteigen.

Die Notenbanken löschten das Feuer mit noch mehr Benzin und legten damit den Grundstein für die nächsten Spekulationsblasen, die dann noch größer werden als die vorangegangenen.

Die seit 1971 entstandene Geldschwemme der Notenbanken und die daraus folgende ausgeweitete Kreditvergabe und Verschuldung hat sich mittlerweile zu einer Kreditblase biblischen Ausmaßes entwickelt - dessen Platzen das Ende des derzeitigen Geldsystems zur Folge hätte.

3

....

DIE SCHULDENBLASE

Seit den 1980ern und der unter Ronald Reagan eingeleiteten Politik niedriger Steuersätze für Spitzenverdiener und gleichzeitiger Erhöhung der Ausgaben, insbesondere für die Rüstung, ist es in den USA zu einer massiven Ausweitung der Staatsverschuldung gekommen. Allein Clinton schaffte es, einen ausgeglichenen Haushalt vorzulegen und zumindest auf Bundesebene die Verschuldung kurzfristig zu stoppen. Insgesamt jedoch, also unter Einbezug aller staatlichen Gebietskörperschaften, wie Bundesstaaten und Kommunen, stieg auch unter Clinton die US-Staatverschuldung an. 2014 betrug sie rund 18 Billionen US Dollar bzw. 105 Prozent der Wirtschaftsleistung.

US Staatsverschuldung

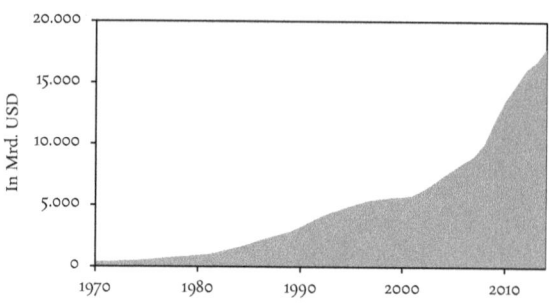

Quelle: US Finanzministerium

Das sind die offiziell ausgewiesenen Zahlen. Problematisch an der staatlichen Praxis der Datenerhebung ist,
dass nicht alle Staatsschulden erfasst werden - viele indirekte Schulden, die sich durch Sozialversprechen und
Pensionsverpflichtungen ergeben, werden nicht erfasst.
Würde man alle indirekten Schulden hinzurechnen,
wären die US Staatsschulden zwischen 3- und 5-mal so
hoch.

Es sind aber nicht nur die staatlichen Schulden, sondern auch die Schulden der Haushalte und Industrie, die
auf der US Wirtschaft lasten. Nachfolgend ist die Ge-
samtverschuldung aller US-Wirtschaftssubjekte wie Gebietskörperschaften, Haushalte, Banken und
Unternehmen dargestellt.

US Gesamtverschuldung

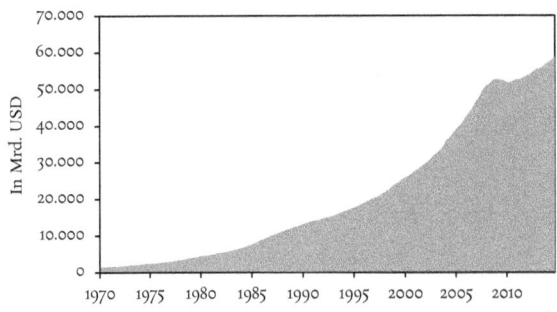

Quelle: US Federal Reserve

Von 1970 bis 2008 ist die gesamte Verschuldung in den USA um jährlich 9,7 Prozent gestiegen. Bis 2008 wuchsen die Schulden exponentiell, d.h. jedes Jahr wurden durchschnittlich 9,7 Prozent auf den Endbetrag des vergangenen Jahres hinzuaddiert. Dadurch verdoppeln sich die Schulden im Durchschnitt alle 7 Jahre.

Gleichzeitig betrug das durchschnittliche Wachstum in den USA über denselben Zeitraum nur ca. 7 Prozent, d.h. die Schulden wachsen schneller als die Wirtschaftsleistung mitwächst. Da Schulden aus der produzierten Wirtschaftsleistung bedient werden müssen, führen mehr Schulden zu einem immer kleiner werdenden Verteilungsspielraum. Oder anders argumentiert, immer mehr zusätzliche Schulden führen zu immer weniger Wachstum.

Mussten die Wirtschaftsakteure 1970 noch 1,5 US Dollar an Schulden aufnehmen um 1 Dollar Wachstum zu produzieren, so waren es 1990 schon 3 Dollar und 2007 über 7 Dollar.[19] Da die US Haushalte und Firmen seit 2008 weniger Schulden aufnehmen und versuchen, diese abzubauen, muss der Staat einspringen und die Verschuldung erhöhen, damit es zu keiner Deflation kommt. In der Finanzkrise 2008 gab es den ersten Knick im Wachstum der Schulden. Der Kreditfluss kam zum Erliegen - Haushalte und Unternehmen nahmen weniger neue Schulden auf.

Die nachfolgende Grafik zeigt die Entwicklung des Brutto-Sozialproduktes (BSP) und der Schulden in den USA. Diese Entwicklung ist in Europa bzw. Deutschland ähnlich. Auch hier drifteten Schulden und BSP seit den 1970er Jahren sehr stark auseinander. In der Finanzkrise im Jahr 2008 kam es dann zum ersten Mal seit 1971 zu einer Verringerung der Schulden und spiegelbildlich der Geldvermögen. Die Schuldenblase war im Begriff zu Platzen.

Entwicklung BSP und Schulden- USA

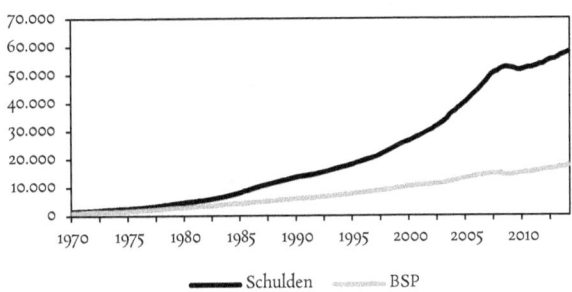

Quelle: US Federal Reserve

Dieser kleine Buckel (Schulden 2008) ist der Grund für die Panik der Notenbanken FED und EZB. Erstmals seit 1971, als de facto die Golddeckung des Geldes aufgehoben wurde, kam die Kreditblase ins Stocken und drohte zu platzen. Die seit Jahrzehnten aufgenommenen Kredite fielen in sich zusammen und die Marktkräfte wollten über eine Deflation die seit den 1980ern eingeleitete Fehlentwicklung korrigieren. Denn langfristig kann eine Volkswirtschaft nur ein gewisses Niveau an Schulden tragen. Man darf nicht vergessen, dass Schulden ein Anspruch auf Güter und Dienstleistungen sind, die in der Vergangenheit konsumiert wurden und in der Zukunft durch mehr Güter zurückgezahlt werden müssen. Übersteigen die Schulden die Wirtschaftsleistung, also die Produktion von Gütern, so wird die Rückzahlung der Schulden schwierig.

Aktuell übersteigen die gesamten US Schulden das 3,5-fache der aktuellen Wirtschaftsleistung. Außerdem bedeutet eine Rückzahlung von Schulden die Vernichtung von Geldvermögen, da sich Schulden und Vermögen spiegelbildlich gegenüberstehen. Werden Schulden zurückgezahlt oder fallen durch Insolvenz der Schuldner aus, sinkt die Geldmenge und eine Deflation setzt ein.

Die Deflationsangst

Für Verbraucher wäre eine Deflation, wenn sie denn nicht allzu hoch ausfällt und über einen längeren Zeitraum gestreckt wird, von Vorteil, denn die Preise würden sinken und die Kaufkraft würde sich erhöhen. Die von Ökonomen artikulierte Gefahr, dass in einer Deflation die Verbraucher ihren Konsum einschränken, weil die Preise nächsten Monat niedriger wären als heute, ist nur zum Teil zutreffend. Lebenswichtige Ausgaben für Nahrung, Strom und Unterkunft kann man kaum aufschieben - sie sind Fixkosten, die zum Überleben notwendig sind. Will man nicht verhungern, kann man diese Ausgaben kaum aufschieben und warten, bis das Brot billiger geworden ist.

Jedoch würden Verbraucher bei nicht lebenswichtigen Produkten wahrscheinlich warten, bis diese im Preis fallen.

Und da geschätzt mehr als die Hälfte unserer produzierten Produkte und Dienstleistungen nicht überlebenswichtig sind - siehe Finanzprodukte oder ökonomische Gutachten - würden die „Produzenten" dieser Produkte in Bedrängnis geraten. Hingegen würden produktiv tätige Menschen wie der Bäcker und Landwirt profitieren, weil ihre Kaufkraft ansteigen würde und das Geschäft profitabler wäre.

Dieses Szenario wäre für die derzeitige Machtelite, die vornehmlich keine *überlebenswichtigen* Produkte oder Dienstleistungen herstellt, eine Katastrophe. So wichtige Jobs wie sie Politiker, Lobbyisten, Steuerberater, Rechtsanwälte, Ökonomen, Verwaltungsangestellte, Investment- und Notenbanker innehaben, würden größtenteils überflüssig werden.

Die Angst vor der Deflation muss also geschürt werden, damit der eigene Job erhalten bleibt - natürlich auf Kosten der wenigen noch wirklich produktiv Tätigen.

Eine gesättigte Gesellschaft, die vornehmlich von Älteren dominiert wird, wie wir sie in den westlichen Ländern vorfinden, möchte keine Veränderung. Sie will die bestehenden Verhältnisse, koste es, was es wolle, aufrechterhalten, so lange es geht. Daher bleibt als Antwort auf das Platzen der Kreditblase nur die massive Flutung mit neuem Geld, um der vermeintlichen Deflation entgegenzuwirken.

Die Lehre von Keynes, der das Eingreifen in das Wirtschaftsgeschehen innerhalb einer schweren Krise als notwendiges Übel begriff, wird zur Regel und der staatliche Interventionismus zum Dauerzustand.

DIE BÜCHSE DER PANDORA WIRD GEÖFFNET

Als im Jahr 2008 die Geldmenge das erste Mal seit der Aufhebung des Goldstandards 1971 sank und die Weltwirtschaft in den Abgrund zu stürzen drohte, legten die Staaten riesige, kreditfinanzierte Konjunkturpakete auf. Des Weiteren übernahmen die Staaten und damit die Steuerzahler durch die Gründung der staatlichen Rettungsschirme und Bad Banks das Verlustrisiko - damit wanderten die Verluste der privaten zu den staatlichen Gläubigern.

Gleichzeitig senkten die Notenbanken den Leitzins, also den Refinanzierungssatz zu dem sich die Banken bei ihnen Geld leihen können auf 1 (EZB) bzw. 0,25 (FED) Prozent. Außerdem begannen die Notenbanken, durch den Ankauf von Wertpapieren den Finanzmarkt mit Geld zu fluten.

Die nachfolgende Grafik zeigt die Entwicklung der Zentralbankgeldmenge (Banknoten, Münzen und Guthaben gehalten von Banken bei der Notenbank) bei der FED seit 1984.

Zentralbankgeldmenge USA

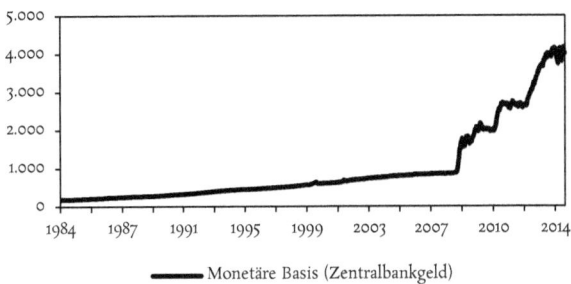

━━━ Monetäre Basis (Zentralbankgeld)

Quelle: US Federal Reserve

Konnte man seit den 1980ern einen kontinuierlichen Anstieg der Geldmengenbasis beobachten, so sieht man seit 2008 mehrere treppenhaften Sprünge nach oben. Jeder dieser Sprünge steht für ein Ankaufprogramm (QE - quantitative easing) durch die FED. Durch den Ankauf von privaten als auch staatlichen Anleihen pumpt die amerikanische Zentralbank jedes Mal neues Geld in das Finanzsystem. Banken können ihre teilweise toxischen Anleihen bei der Zentralbank abladen und erhalten dafür neues Geld, welches sie wiederum benutzen, um weitere toxische Anleihen zu kaufen. Ein Perpetuum mobile entsteht, welches zu einer immer größeren Geldmengenexpansion führt, die in keinem Zusammenhang mehr zur realen Wirtschaft steht. Einziger Grund ist die Aufrechterhaltung der Scheinwerte und Solvenz der eigentlich bankrotten Staaten und Banken.

WHATEVER IT TAKES

Die Entwicklungen der Bilanzsummen der einzelnen
Zentralbanken geben Aufschluss über die Dimensionen
des Problems. Immer dann, wenn eine Zentralbank am
Markt eine Staatsanleihe oder ein anderes Papier kauft,
schöpft sie neues Geld und nimmt das Papier in ihre
Bilanz. Nachfolgend wird die Entwicklung der Summe
der Zentralbankbilanzen für die Bank of England (BoE),
die Federal Reserve (FED), die Bank of Japan (BoJ) und
die Europäische Zentralbank (EZB) seit dem Jahr 2007
gezeigt.

Entwicklung - Zentralbankbilanzen

Quelle: Federal Reserve Bank of St. Louis (FRED)

Die Bilanzsumme der FED hat sich seit Ausbruch der
Krise verfünffacht und steht aktuell (Sommer 2015) bei
4,4 Billionen US Dollar. Das bedeutet, seit 2008 hat die
FED für mehr als 3,4 Billionen Dollar Hypothekenanlei-

hen, US Staatsanleihen und andere Papiere aufgekauft. Das entspricht ca. 20 Prozent des amerikanischen Bruttosozialprodukts für 2013! Mit der deutschen Wirtschaftsleistung verglichen, hat die FED so viel Geld geschaffen, um alles, was im Jahr 2013 in Deutschland hergestellt wurde, kaufen zu können!

Der Anstieg der Bilanzsumme der Bank of England ist ähnlich beeindruckend, auch sie hat über Ankaufprogramme den britischen Finanzmarkt mit frisch gedruckten Pfund geflutet.

Japan kam erst relativ spät hinzu und begann ab 2012 mit dem Ankauf von Papieren. In Europa verschärfte sich 2012 die Eurokrise und die EZB, bzw. die im EZB-System zusammengeschlossenen einzelnen Zentralbanken wie die deutsche Bundesbank, kauften verstärkt Staatsanleihen der Euro-Krisenstaaten. Danach kam es durch die Versicherung von Politik und EZB, man werde *alles Notwendige tun,* um den Euro zu erhalten, zu einer vorübergehenden Entschärfung der Eurokrise.[*]

Anfang 2015 verkündete Mario Draghi, man werde bis September 2016 für 1,14 Billionen Euro Papiere aufkaufen. Damit dürfte auch die Bilanzsumme der EZB wieder ansteigen.

---

[*] In einer Rede auf einer Investorenkonferenz in London am 26. Juli 2012 verkündete Mario Draghi, die EZB werde „alles Notwendige tun" („whatever it takes") um den Euro zu erhalten.

Theoretisch kann die Bilanz einer Zentralbank ins Unermessliche steigen. Eine Zentralbank kann unbegrenzt Geld schöpfen und damit alle Papiere und Produkte der Welt kaufen. Jedoch macht sich dieser Vorgang irgendwann in einer höheren Inflation bemerkbar. Eine Inflation, die dann nicht nur auf den Finanzsektor beschränkt bleibt, sondern sich auch in den Güterpreisen widerspiegelt. Inflation verhält sich wie Ketchup in einer Flasche. Zuerst muss man auf den Flaschenboden schlagen, um überhaupt etwas herauszubekommen. Nach mehrmaligem Schütteln kommt dann jedoch der erste Schub und wenn sich die zähe Masse einmal in Bewegung gesetzt hat, landet am Ende mehr Ketchup auf dem Teller, als man eigentlich wollte.

WER PROFITIERT VON INFLATION

Obwohl Notenbanken weltweit die Geldschleusen geöffnet haben, ist die offizielle Verbraucherpreisinflation, also der Preisanstieg bei den täglichen Verbrauchsgütern, gering. Sie liegt unter den Zielwerten der meisten Notenbanken. (Aktuell unter 2 Prozent, Stand Sommer 2015) Schon hier zeigt sich, dass Notenbanken Erfüllungsgehilfen der Politik sind, denn die Politik profitiert von Inflation. Inflation lässt die reale Schuldenlast des Staates langsam abschmelzen und dem Staat zusätzliche Steuergelder in die Kasse fließen.

Jede neue Inflationsrunde, in der die Gewerkschaften für Lohnerhöhungen kämpfen und damit den gestiegenen Lebenshaltungskosten Rechnung tragen wollen, führt zu einer höheren Besteuerung, denn der Staat passt seine Steuertabelle nicht an die Inflation an. Im Ergebnis führt jede Lohnerhöhung zu einer höheren Steuerbelastung.

Das Mandat der EZB ist die Preisstabilität. Jedoch definiert die EZB für sich den Begriff „Preisstabilität" mit einer jährlichen Inflationsrate der Verbraucherpreise von 2 Prozent.[20] Offiziell begründet die EZB die angestrebte Inflationsrate von 2 Prozent als Sicherheitsmarge, um bei einem Sinken der Inflationsrate noch handlungsfähig zu sein. Denn die EZB kann den Leitzins theoretisch nur auf Null setzen. Negative Zinssätze sind sehr schwer durchzusetzen und erfordern eine höhere staatliche Repression wie das Verbot von Bargeld oder Gold.

Daher kann man in mehreren europäischen Ländern Bestrebungen feststellen, den Umgang mit Bargeld einzuschränken und sogar teilweise zu verbieten. So ist es in Frankreich ab 2015 nicht mehr erlaubt, Barzahlungen über 1.000 Euro durchzuführen. Auch in Italien sind Bargeldzahlungen über diesen Betrag strafbar.

Mehrere Ökonomen, darunter Kenneth S. Rogoff, Autor des Buches *Dieses Mal ist alles anders: Acht Jahrhunderte Finanzkrisen* und Peter Bofinger, *Wirtschaftsweiser*, sprechen sich auch für ein generelles Bargeldverbot aus!

Denn nur wenn Bargeld verboten ist, können negative Zinsen und die offensichtliche Enteignung der Sparguthaben umgesetzt werden. Würden die Bürger in Bargeld und Gold flüchten können und ihr Geld aus dem Banksystem herausziehen, würden die Banken wie die Dominosteine umfallen und die Negativzinsen der Notenbanken würden verpuffen.

Der Hauptgrund, warum eine Vervierfachung der Zentralbankgeldmenge innerhalb von nur 6 Jahren nicht zu einer massiven Inflation bei den Verbrauchsgütern geführt hat, liegt darin begründet, dass das durch die Zentralbank geschaffene Geld zum überwiegenden Teil nicht in die Realwirtschaft fließt, sondern im Finanzsystem verbleibt und dort eine Handvoll Akteure bevorteilt.

Schon der irische Ökonom Richard Cantillon untersuchte Anfang des 18. Jahrhunderts die Auswirkungen einer Geldmengenerhöhung auf Geldhalter und beschrieb den nach ihm benannten *Cantillon-Effekt*. Cantillon erkannte, dass eine Ausweitung der Geldmenge die Geldhalter unterschiedlich betrifft. So profitieren Geldhalter, die als erstes in den Genuss einer Geldmengenexpansion kommen, mehr, als Geldhalter die am Ende der Nahrungskette stehen. Cantillon beschrieb diesen Effekt anhand der Goldminen-Betreiber, da in seiner Zeit Gold als Zahlungsmittel genutzt wurde und eine Goldmengenexpansion einer Geldmengenexpansion glich.

„Wenn die Vermehrung des Bargeldes von Gold- oder Silberminen ausgeht, die sich in einem Staate befinden, so werden der Eigentümer dieser Minen, die Unternehmer, die Schmelzer, die Raffinierer und überhaupt alle jene, die dort arbeiten, jedenfalls ihre Ausgaben entsprechend ihren Gewinnen erhöhen. Sie werden in ihren Haushalten mehr Fleisch und mehr Wein oder Bier verbrauchen als früher, sie werden sich daran gewöhnen, bessere Kleidung und schönere Wäsche zu tragen, besser eingerichtete Häuser und andere erlesenere Bequemlichkeiten des Lebens zu besitzen. Sie werden daher einigen Handwerkern Beschäftigung geben, die vorher nicht soviel Arbeit hatten und die nun aus dem gleichen Grund auch ihre Ausgaben erhöhen werden; alle diese Vermehrungen der Ausgaben für Fleisch, Wein, Wolle usw. vermindern notwendig den Anteil der anderen Bewohner des Staates, die zunächst nicht an den Reichtümern der fraglichen Minen teilnehmen. Das Feilschen auf dem Markte oder die Nachfrage nach Fleisch, Wein, Wolle usw. die stärker ist als gewöhnlich, wird jedenfalls deren Preise in die Höhe treiben. Diese hohen Preise werden die Pächter veranlassen, in einem anderen Jahre mehr Boden zur Erzeugung dieser Dinge zu verwenden; diese selben Pächter werden aus dieser Erhöhung der Preise Gewinn ziehen und werden wie die anderen die Ausgaben für ihre Familien erhöhen. Diejenigen, die unter dieser Teuerung und unter dem erhöhten Konsum leiden werden, werden also zunächst die Grundeigentümer während der Laufzeit ihrer Pachtverträge, dann ihre Diener und alle Arbeiter oder mit festen Gehältern Angestellte sein, die davon ihre Familie erhalten. Alle diese müssen ihre Ausgaben entsprechend dem neuen Verbrauch einschränken und dies wird eine große Zahl von ihnen zwingen, den Staat zu verlassen, um anderwärts ihr Glück zu suchen. Die Eigentümer werden viele von ihnen entlassen und es wird dazu kommen, dass die übrigen eine Lohnerhöhung verlangen werden, um leben zu können, wie sie es gewohnt waren. Das ist ungefähr die Weise in der eine beträchtliche Vermehrung des Geldes aus Minen den Konsum erhöht und unter Verminderung der Einwohnerzahl größere Ausgaben jener, die zurückbleiben, zur Folge hat."[21]

Heutzutage sind die Profiteure einer Geldmengenexpansion nicht mehr die Goldminenbetreiber und die mit ihnen verbundenen Akteure, sondern Finanzmarktakteure wie Banken, Versicherungen, Hedgefonds und auch Staaten. Diese erhalten aufgrund ihrer Nähe zu der Notenbank als erstes Geld und können als erstes Finanzprodukte oder auch reale Güter kaufen. Alle anderen Akteure, wie Haushalte und kleine Firmen, erhalten die Geldmenge als Letzte und müssen dann zu erhöhten Preisen kaufen, denn die Finanzmarktakteure haben die Preise bereits nach oben gedrückt.

Dauerhaft führt eine Geldmengenexpansion, die über der realen Expansion der Wirtschaft liegt (siehe Geldmengenwachstum vs. BSP) zu einem Auseinanderdriften der Vermögen der Finanzmarkakteure gegenüber dem Rest der Bevölkerung.

Ein Investmentbanker erhält über den Cantillon-Effekt einen Vorteil, der ihm hohe Boni beschert und die Preise von Finanzprodukten und Luxusgütern steigen lässt. Sehr gut ist diese Entwicklung bei den Preisen am Aktienmarkt und Kunstmarkt, aber auch bei den Immobilien in guten Lagen zu sehen.

Ging Cantillon in seiner Zeit noch von einem Steigen der Verbraucherpreise als offensichtlichem Indikator für eine Geldmengenexpansion aus, sind es heute eher die Preise von Finanzprodukten, die steigen. Finanzmarktakteure kaufen überwiegend Aktien, Anleihen und Derivate und weniger iPhones und Milch. Letztere werden im Verbraucherpreisindex erfasst, während Erstere nicht in die Verbraucherinflation einfließen und damit nicht Gegenstand der Politik der Notenbanken und ihres Inflationsziels sind.

Die derzeitige Strategie der Zentralbanken ist es, immer genug neues Geld in den Finanzmarkt zu pumpen, um damit die Preise so lange wie möglich oben halten zu können. Des Weiteren besteht die Hoffnung der Zentralbanken, dass die Preissteigerung bei den Finanzprodukten auch auf die reale Wirtschaft übergreift. Bis jetzt ist das noch nicht geschehen, es ist aber notwendig, um die Schuldenlasten der Staaten, Banken und auch der Firmen und Haushalte, die mittlerweile ein nicht mehr tragfähiges Ausmaß erreicht haben, entwerten zu können.

Bei einer Verbraucherinflation von ca. 4 Prozent pro
Jahr halbieren sich die Schulden innerhalb von 17 Jahren.
In Deutschland gab es innerhalb der letzten 40 Jahre drei
Perioden, in denen die offizielle Inflationsrate über 4
Prozent lag - 1971 bis 1976, 1979 bis 1982 und 1992. So
gesehen sind 4 Prozent Inflation nicht unrealistisch,
gerade in Anbetracht der massiven Flutung der Finanz-
märkte mit frischem Geld.

DER WÄHRUNGSKRIEG

Pumpt eine Zentralbank frisches Geld in das Finanzsystem, weiß sie nicht, wo es am Ende ankommt. Wie der
Cantillon-Effekt verdeutlicht, landet frisches Geld zuerst
bei den der Zentralbank nahestehenden Akteuren wie
Banken, Spekulanten und Staat, und übergibt ihnen eine
neu geschöpfte Kaufkraft vor allen anderen Wirtschafts-
teilnehmern. Eine Bank nutzt das frische Geld und
vergibt damit günstige Kredite an Immobilien-, Aktien-,
Anleihe- und Derivatekäufer oder sie kauft direkt diese
Produkte. Dabei bleiben die Konsequenzen dieser Politik
nicht nur auf den jeweiligen Hoheitsbereich beschränkt,
sondern führen zu Preisverzerrungen rund um den Globus. Pumpt die amerikanische Zentralbank neue US
Dollar in das Finanzsystem, fließen diese auch nach
Europa, Asien und Lateinamerika und lassen dort die
Preise steigen.

Würde nur eine Zentralbank aus der Reihe tanzen und massiv die Geldmenge erhöhen, während andere Zentralbanken keine expansive Politik verfolgen, so würde die Währung, von der nun mehr Geld im Umlauf ist, gegenüber den anderen Währungen, deren Geldmenge stabil bleibt, abwerten. Wenn die FED 3,4 Billionen US Dollar in den amerikanischen Finanzmarkt pumpt, um damit die großen Banken und den amerikanischen Staat vor dem Kollaps zu bewahren, dann findet auch ein Teil dieser Dollar seinen Weg nach Europa. Die Nachfrage nach Euro würde steigen und der Euro aufwerten.

Eine Euro-Aufwertung würde die Euro-Länder zusätzlichem Stress aussetzen. Der US Dollar Raum ist nach Großbritannien der zweitgrößte Exportmarkt der Euro-Länder, noch vor China. Daher kann eine Zentralbank wie die EZB nicht vollständig souverän entscheiden und muss der Zinspolitik, insbesondere der FED als größter Zentralbank, bis zu einem gewissen Grad Folge leisten.

Druckt die FED frisches Geld, müssen andere Zentralbanken nachziehen und ihre Geldmenge ebenfalls erhöhen, um die wachsende US Dollar Flut aufsaugen zu können. Damit exportiert die FED Inflation in andere Wirtschaftsräume wie China und Brasilen, da sie ihre Exporte durch eigene Geldmengenexpansion billig halten müssen.[22] Die amerikanischen Verbraucher bemerken die Inflation nicht, denn die ausländischen Produkte bleiben weiterhin billig, während in anderen Ländern die Inflation steigt und zu sozialen Unruhen führt.

Auch führen die internationalen Verflechtungen der Volkswirtschaften zu einer immer stärkeren Angleichung der konjunkturellen Zyklen und Marktentwicklungen. Kommen die USA in die Krise, dann folgen schnell auch Europa und China. Kommt China in die Krise, dann bricht der deutsche Autoexport zusammen und eine Rezession beginnt. Ist Deutschland in der Rezession, wirkt das auch auf andere Euro-Länder. Die Verflechtungen der Volkswirtschaften führen daher zu einer Angleichung der Zentralbankpolitik der einzelnen Währungsräume.

Die Zentralbanken liefern sich derzeit einen Wettlauf, wer am schnellsten gegenüber dem anderen abwertet und sich so kurzfristig einen Vorteil verschaffen kann. Sowohl US Dollar, als auch Euro, Pfund und Yen liegen miteinander im Wettstreit.

Manche Autoren sprechen in diesem Zusammenhang auch von einem *Währungskrieg*, in dem ein Land sich durch Abwertung seiner Währung einen Exportvorteil gegenüber den anderen verschafft und damit die eigene Wirtschaftsentwicklung vorantreibt.[23]

China ist hierfür das beste Beispiel. Denn obwohl China nicht abwertet, hat die chinesische Regierung den Renminbi (auch Yuan genannt) seit Jahren fest an den US Dollar gebunden und lässt nur minimale Aufwertungen zu. Laut Big-Mac-Index, welcher einen Indikator für den Vergleich der Kaufkraft in verschiedenen Ländern bietet, ist der Yuan gegenüber dem US Dollar um stolze 43 Prozent unterbewertet.[24] Die chinesische Zentralbank interveniert auf dem Devisenmarkt und hält dadurch den Wechselkurs niedrig. Angenommen, eine chinesische Firma hat durch ihr Exportgeschäft US Dollar erhalten, sie muss aber ihre Arbeiter und andere Ausgaben in Yuan leisten. Die Firma verkauft nun US Dollar, um dafür Yuan zu erhalten. Dadurch wird das Angebot an US Dollar ausgeweitet und die Nachfrage nach Yuan erhöht. Der Yuan würde aufgrund der stärkeren Nachfrage aufwerten. Um diese Aufwertung zu verhindern, interveniert die chinesische Zentralbank und kauft US Dollar mit frisch gedruckten Yuan auf. Die chinesische Zentralbank kann dadurch den Wechselkurs niedrig halten und der heimischen Wirtschaft einen Exportvorteil verschaffen. Auf der anderen Seite führt der künstlich niedrig gehaltene Yuan zu einer Anhäufung von US Dollar auf chinesischer Seite. China kauft damit US-Staatsanleihen und ist so über die Jahre zum größten Gläubiger der USA und Halter amerikanischer Staatsanleihen avanciert.

DIE STEUERUNGSILLUSION DER ZENTRALBANKEN

Eine Zentralbank bestimmt über die Festlegung der Zinsen den Preis des Geldes. Sind die Zinsen niedrig, werden mehr Kredite aufgenommen und die Wirtschaftsakteure verschulden sich - Geld ist somit billig und kommt vermehrt in Umlauf. Sind die Zinsen hoch, ist die Kreditaufnahme teuer und weniger Kredite werden nachgefragt. Über den Preis des Geldes steuern die Zentralbanken indirekt jeden Markt, auf dem Güter, Dienstleistungen und Finanzprodukte gehandelt werden, und beeinflusst die Preise der einzelnen Produkte.

Preise stellen in einer freien Marktwirtschaft ein sehr wichtiges Signal für Produzenten und Verbraucher dar. Steigen die Preise eines Produktes, ist das für Verbraucher das Zeichen, dass das Produkt knapp wird und sie über eine Einschränkung des Konsums nachdenken oder sich nach einem Substitut umsehen sollten. Für Produzenten ist der steigende Preis ein Signal, mehr zu produzieren und damit das Angebot auszuweiten. Am Ende führen die Anpassungen der Verbraucher und Produzenten zu einem neuen Gleichgewicht von Preis und Menge, welcher zu einer *optimalen* Versorgung führt. Natürlich kann sich dieser Anpassungsprozess auch in die andere Richtung bewegen. Ist die Nachfrage nach einem Produkt zu gering und das Angebot zu hoch, fällt der Preis und signalisiert den Produzenten, weniger herzustellen.

Der Preisfindungsmechanismus an Märkten koordiniert Angebot und Nachfrage und hilft, knappe Ressourcen so effizient wie möglich einzusetzen. Die unterschiedlichen Vorstellungen, Wünsche und Bedürfnisse aller Wirtschaftsakteure spiegeln sich an Märkten wider und werden durch Preise miteinander in Einklang gebracht.

Unser globales Wirtschaftssystem mit Milliarden von Akteuren ist ein komplexes System, in dem sich ständig neue Trends entwickeln, alte Technologien obsolet werden und Rückkopplungseffekte entstehen, die nicht prognostizierbar sind.

Es ist schlicht unmöglich, ein System wie eine Volkswirtschaft oder die globale Wirtschaft zu steuern, weil ein Zentralplaner nie alle zur Steuerung nötigen Informationen haben oder sie verarbeiten können wird. In der Mathematik spricht man auch von einem Optimierungsproblem mit zu vielen Variablen und Kombinationen untereinander, die eine Lösung unmöglich machen - egal wie leistungsfähig der Computer ist. Ein mathematisches bzw. politisches Modell, welches auf einem Top-Down-Ansatz beruht, wird nie in der Lage sein, auch nur einen Bruchteil der unterschiedlichen Vorstellungen und Verbindungen der Akteure abbilden zu können. Wenn dies trotzdem versucht wird, so wird das im Ergebnis immer zu einer Begünstigung einer kleinen Klientel führen - oft profitieren die, die dem Zentralplaner am

Nächsten stehen. Denn im Zweifelsfall werden immer die Vorstellungen des Zentralplaners als Maßstab für alle anderen Menschen angesetzt.

Jeder Versuch, über einen Top-Down-Ansatz bzw. dauerhaften Interventionismus Volkswirtschaften zu steuern, scheiterte bisher. Das sozialistische Experiment nach dem zweiten Weltkrieg veranschaulicht, dass eine zentrale Steuerung der Wirtschaft in den Bankrott führen muss! Interventionismus lenkt Ressourcen und menschliche Arbeitskraft in Bereiche, die an den Bedürfnissen der Mehrheit der Menschen vorbei gehen und eine Handvoll der staatsnahen Akteure bevorteilt.

In der Politik und bei Zentralbanken ist der Top-Down-Ansatz, basierend auf der Annahme, man würde die Welt besser verstehen als die Bevölkerung und müsste sie nur zu ihrem Glück zwingen, weit verbreitet. Die Steuerung der Volkswirtschaft über die Geldmenge räumt der Zentralbank eine einzigarte Machtstellung ein. Die Nutzung dieser Macht sollte daher mit absoluter Sorgfalt, Vorsicht und Zurückhaltung ausgeübt werden. Die Ausweitungen der Zentralbankbilanzen seit 2008 zeichnen jedoch ein anderes Bild und zeigen auf, wie aggressiv die Zentralbanken, insbesondere die FED, ihre interventionistische Politik betreiben und damit ihnen nahestehende Akteure wie Banken und Staaten solvent halten.

Die Kosten dieser Politik zeigen sich meist erst Jahre später, nachdem die Verantwortlichen sich schon lange in den Ruhestand verabschiedet haben.

Aufgrund der kontinuierlichen Geldmengenexpansion durch die Kreditvergabe der Notenbanken und Privatbanken über das wirtschaftlich notwendige Maß hinaus, entstehen ständig neue Spekulationsblasen. Preise verlieren ihre Signalinformation für die Koordinierung von Angebot und Nachfrage. Die Sparer werden durch Niedrigzinsen enteignet und der Vermögensaufbau wird immer risikoreicher.

Platzt eine Spekulationsblase, weil die Marktteilnehmer nicht mehr an ewig steigende Preise glauben, springen die Notenbanken ein und erhöhen die Geldmenge. Das Problem dabei ist, je größer Spekulationsblasen werden, desto mehr frisches Geld wird benötigt, um die Blase am Laufen zu halten, und desto größer wird der Korrekturbedarf und die Folgen, die das Platzen der Blase mit sich bringt. Daher muss die Zentralbank auf jeden Crash mit noch mehr frischem Geld antworten.

Das frisch geschaffene Geld legt dann wiederum den Grundstein für die nächste Blase. Das Spiel beginnt von Neuem, bis irgendwann der Punkt kommt, an dem der Wert der Währung bzw. das Vertrauen darin sich in Luft auflöst und ein Neustart des Systems notwendig wird.

4

....

DIE IMMOBILIENBLASE

Nachdem im Jahr 2008 der amerikanische Immobilienmarkt kollabierte, und mit ihm die Immobilienblasen in den Ländern der Euro-Peripherie, wurden die von den Banken vergebenen Hypothekenkredite zusehends wertlos.

Kommt es zu einem plötzlichen Wegbrechen der Finanzierung für Immobilienkredite, entsteht eine Ausfalllawine, die zuerst die Immobilienkäufer erwischt, dann die Banken und zu guter Letzt den Staat, der dann für die Banken Garantien übernehmen muss. Dabei werden die Schulden immer an den Nächsten durchgereicht, bis sie letztendlich beim Staat landen. Da auch der Staat irgendwann an seine Grenzen stößt, bleibt als letzter Retter nur die Notenbank. Denn nur sie kann Schulden quasi in Luft auflösen, indem sie Staatsanleihen von den Banken kauft und dafür mit Euro bezahlt, die sie gerade aus der Luft geschöpft hat.

Die Banken, welche nun mit frischen Euro ausgestattet sind, nutzen das Geld und vergeben neue Kredite bzw. kaufen Aktien oder Anleihen von Unternehmen und Staaten oder vergeben Immobilienkredite. Gleichzeitig führen die durch die Notenbank künstlich niedrig gehaltenen Zinsen zu einem Anlagenotstand bei festverzinslichen Wertpapieren. Investoren werden daher in immer risikoreichere Finanzprodukte gedrängt, um überhaupt noch in den Genuss einer positiven Rendite kommen zu können. Das in diese Anlagen fließende Geld lässt die Preise nach oben schießen und lässt neue Spekulationsblasen entstehen bzw. nährt bereits vorhandene.

Anleger, die auf ihrem Tagesgeldkonto keine Verzinsung mehr bekommen, werden immer mehr in Versuchung gebracht, schnell noch eine Immobilie zu kaufen - die Kredite sind ja günstig. Oder sie steigen in den Aktienmarkt ein und pushen die Aktienbewertungen weiter nach oben.

Das zusätzlich geschaffene Geld fließt auf der Suche nach Rendite in die Aktien-, Anleihe-, Devisen-, Immobilien- und Derivatemärkte und lässt dort die nächsten Preisblasen entstehen.

Der Zusammenbruch des amerikanischen Immobilienmarktes mit der anschließenden Finanzkrise von 2008 zeigte, wie weitreichend die Konsequenzen eines Crashs sein können.

Die post-2008 Entwicklung offenbarte jedoch, wie kurz das Gedächtnis der Marktteilnehmer ist und wie schnell die Preise im Immobilienmarkt, getrieben durch ultra-lockere Geldpolitik, wieder auf Blasenniveau steigen können.

CHINA - EINE BLASE EPISCHEN AUSMAßES

Die chinesische Immobilienblase ist eine der größten der Welt und hatte sich schon vor 2008 aufgebaut. Im Krisenjahr 2008 gab es eine kurze Phase, in der die Luft aus der Blase entwich und die Immobilienpreise fielen. Die chinesische Regierung reagierte auf die Finanzkrise und die damit verbundene wegbrechende Nachfrage nach chinesischen Produkten mit gewaltigen, kreditfinanzierten Konjunkturmaßnahmen und lenkte einen Großteil der Gelder in die Bauwirtschaft. Die chinesische Regierung pumpte 2008 und 2009 ca. 586 Milliarden US Dollar an Konjunkturmaßnahmen in die heimische Wirtschaft.[25] Die massiven Konjunkturprogramme und die Expansion der chinesischen Wirtschaft in den letzten Jahren wurden über eine gewaltige Kreditausweitung finanziert. Betrug das Verhältnis Schulden zu Wirtschaftsleistung in China im Jahr 2007 noch 153 Prozent, so waren es 2012 schon 209 Prozent.[26] Der chinesische Kreditmarkt ist über die letzten zwei Jahrzehnte um durchschnittlich 10

Prozent pro Jahr gewachsen und ist nun mit 3,41 Billionen US Dollar der viertgrößte der Welt.

Die staatlichen Ausgabenprogramme führten ab 2009 zu einer Explosion der Preise für Immobilien in den wirtschaftlichen Topregionen wie Shanghai, Peking und Hong Kong.

Im Durchschnitt sind die Immobilienpreise in China von 2007 bis 2011 um 140 Prozent gestiegen.[27] Im selben Zeitraum stiegen die durchschnittlichen Löhne eines chinesischen Arbeiters aber nur um 76 Prozent. Gerade in den Boom-Regionen wie Shanghai und Shenzhen spreizen sich die Preise für Immobilien und die durchschnittlichen Einkommen immer mehr auf und machen es den unteren und mittleren Einkommensschichten schwer, bezahlbaren Wohnraum zu finden, geschweige denn eine eigene Immobilie zu kaufen.

In den chinesischen Boom-Städten liegt das Preis-Einkommen-Verhältnis teilweise bei 23 zu 1, das bedeutet, für den Kauf einer Immobilie in Shanghai muss ein Käufer das 23-fache seines Jahreseinkommens auf den Tisch legen. Zum Vergleich in München, dem in Deutschland teuersten Immobilienmarkt, müssen Immobilienkäufer „nur" das 7,6-fache ihres Jahreseinkommens aufbringen. Aber noch alarmierender ist der Umstand, dass der Anteil der Investitionen in Wohnimmobilien am Brutto-Sozialprodukt so hoch ist, wie in den USA auf dem Höhepunkt der Immobilienblase 2005.[28]

TOP DOWN IN CHINA

Die Besonderheiten des chinesischen Regierungssystems, in dem Entscheidungen rigoros von oben nach unten durchgesetzt werden, führen zu Fehlallokationen und Exzessen, die in einer freien Marktwirtschaft schon längst über die Marktkräfte korrigiert werden würden, es sei denn, eine Zentralbank hält sie künstlich am Leben.

Staatlicher Dirigismus, eine lockere Kreditvergabe und die mangelnden Möglichkeiten für Chinesen, ihr Geld anderweitig zu investieren, haben zu einem Bauboom geführt, in dessen Verlauf mehr als 64 Millionen Apartments gebaut wurden, die nun leer stehen. Innerhalb weniger Jahre wurden ganze Geisterstädte aus dem Boden gestampft. Die größte Geisterstadt, New Ordos in der Inneren Mongolei, etwa 600 km westlich von Peking, wurde für 300.000 Einwohner konzipiert. Heute leben dort nach Schätzungen gerade einmal 5.000 Einwohner.[29] Aber auch unzählige andere Großprojekte wie Flughäfen, Verkehrsanbindungen und andere Urbanisierungsprojekte, bei denen die Nachfrage kaum den Erwartungen gerecht wird, wurden in den letzten Jahren von den lokalen Behörden aus dem Boden gestampft.

Laut Schätzungen der amerikanischen Ratingagentur Moody's ist bei 540 Milliarden der 1,7 Billionen US Dollar an ausstehenden Krediten, die von lokalen Behörden zur Finanzierung von Infrastrukturprojekten aufgenommen wurden, fraglich, ob sie je zurückgezahlt werden können.

Die Quote der fragwürdigen Kredite, d.h. Kredite mit sehr hoher Ausfallwahrscheinlichkeit, entspricht damit ca. 20 Prozent der chinesischen Wirtschaftsleistung, gemessen am Brutto-Sozialprodukt des Jahres 2013.

China sitzt auf einer gewaltigen Kreditblase, die nur darauf wartet zu platzen. Dies könnte die chinesische Gesellschaft in tumultartige Zustände versetzen. Hinzu kommt, dass die chinesische Regierung sich die Zustimmung der ca. 200 Mio. Wanderarbeiter durch expansives Wachstum der Bauwirtschaft erkauft. Nur wenn ständig neue Gebäude, Flughäfen und Geisterstädte aus dem Boden gestampft werden, ist das Wachstum groß genug, um das Heer der Wanderarbeiter mit Jobs und Einkommen zu versorgen. Bricht die Immobilienblase zusammen, dann beginnt das Machtfundament der kommunistischen Partei zu wackeln.

Es bleibt abzuwarten, wie die chinesische Zentralregierung der Kredit- und Immobilienblase Herr werden will. In letzter Zeit verschärfte die Regierung über ein Bündel an Maßnahmen die Kreditvergabe für Immobilienprojekte und versucht damit, die Spekulation einzudämmen. Jedoch löst das nicht das Problem der bereits in den Sand gesetzten Bauprojekte und deren Wertberichtigung. Die Geschichte zeigt, dass wenn Spekulationsblasen platzen, die Folgen in Proportion zur Größe der Blase stehen. Je größer die Blase, desto größer die realen Verluste und die sozialen Folgen. Der Ökonom Patrick Chovanec, Professor an der renommierten *Tsinghua University's School of Economics and Management* in Peking, sieht viele Parallelen zwischen der japanischen Immobilienblase der späten 1980er und der aktuellen Lage am chinesischen Immobilienmarkt - damals wie heute gibt es ein *blindes Vertrauen* in die Fähigkeiten der Regierung, das Problem in den Griff zu bekommen.[30]

Der Crash blieb den Japanern damals, trotz mächtiger Zentralregierung, nicht erspart, und höchstwahrscheinlich werden auch die Chinesen eine *harte Landung* zu spüren bekommen.

Auch wenn die langfristigen Wachstumsaussichten der chinesischen Volkswirtschaft einigermaßen gut sind, bleibt der kurzfristige Abschreibungsbedarf so gewaltig, dass die Gefahr besteht, die chinesische Wirtschaft, und mit ihr die kommunistische Regierung, könnte in sich zusammenfallen wie ein Kartenhaus.

Ende der 1980er dachte man, Japan würde in den kommenden Dekaden zur alles dominierenden ökonomischen Macht aufsteigen und die USA aufs Abstellgleis verfrachten.

Diese Vorstellung ist auch heute, in Bezug auf die chinesische Wirtschaft, weit verbreitet. Jedoch war die Blase in Japan so groß, dass die japanische Wirtschaft und Gesellschaft selbst 20 Jahre nach dem Crash noch mit den Folgen zu kämpfen hat. Ein chinesischer Crash wäre ähnlich folgenreich und hätte, anders als in Japan, auch globale Auswirkungen. China ist der größte Gläubiger der USA und wichtiger Handelspartner für Europa und Ozeanien. Insbesondere Australien würde die Folgen eines chinesischen Abschwungs unmittelbar zu spüren bekommen.

Australien - Ressourcen down under

Die australische Blase ist ein Derivat und damit ein Teil der chinesischen Investitionsblase in Immobilien- und Infrastrukturprojekte. Australien ist ein ressourcenreiches Land und wichtiger Exporteur für Agrarerzeugnisse, Öl, Gas, Eisenerz und Kohle. Die chinesische Volkswirtschaft, insbesondere der Bausektor, sind auf Importe wie Eisenerz angewiesen, da die heimischen Vorkommen nicht ausreichen. Obwohl China nur ein Fünftel der Weltbevölkerung stellt, verbraucht es die Hälfte der jährlichen Zement- und ein Drittel der Stahlproduktion. Die Expansion der chinesischen Volkswirtschaft ist auf die ständige Erschließung von neuen Ressourcenlieferanten angewiesen. Australien spielt hier aufgrund seiner geographischen Nähe und politischen Sicherheit eine wichtige Lieferantenrolle. Folglich ist China für Australien der größte Exportmarkt, ganze 27 Prozent aller australischen Exporte gehen nach China. Zum Vergleich, obwohl China ein wichtiger Exportmarkt für deutsche Erzeugnisse wie Maschinen und Luxusautos ist, so entfallen nur 6 Prozent aller deutschen Exporte auf China. Selbst Deutschlands größter Exportmarkt, Frankreich, macht nur 10 Prozent aller Exporte aus. Die Abhängigkeit der australischen Wirtschaft von der chinesischen Nachfrage ist gewaltig. Es ist nicht verwunderlich, dass der chinesische Nachfrageboom zu steigenden Preisen bei Rohstoffen wie Eisenerz geführt hat. Australien ist einer der größten Produzenten von Eisenerz und die australische Wirtschaft hängt direkt an der Entwicklung des Eisenerzpreises. Ist dieser hoch, sind die Umsätze und Gewinne der australischen Minenunternehmen entsprechend hoch. Fällt der Eisenerzpreis, werden die Minen unrentabel und erschüttern die gesamte australische Volkswirtschaft.

Der Preis für eine Tonne Eisenerz pendelte über 20 Jahre hinweg bis 2003 zwischen 11 und 16 US Dollar und sorgte somit kaum für Impulse für die australische Wirtschaft. Ab 2004 kam es durch die steigende Nachfrage Chinas und die vermehrte Geldanlage von institutionellen Anlegern in Rohstoffe zu einer förmlichen Preisexplosion.

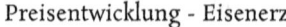

Preisentwicklung - Eisenerz

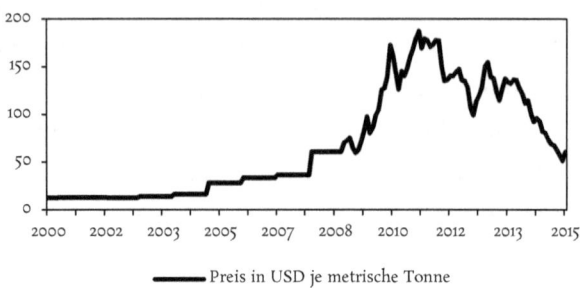

Preis in USD je metrische Tonne

Quelle: www.indexmundi.com

Auch die ab 2009 einsetzende Flutung der Finanzmärkte mit billigem Geld tat ihr Übriges, um den Preis auf neue Rekordmarken zu treiben. Der Preis für Eisenerz stieg bis zu seinem Höhepunkt im Jahr 2011 auf 187 US Dollar. Das entspricht einer Steigerung von 1.068 Prozent in nur 10 Jahren.[*]

Nachdem die Immobilienpreise in Australien bis 2008 nur eine Richtung kannten - nach oben - kam es im Zuge der Finanzkrise auch in Australien zu einem kurzen Rücksetzer. Parallel zu den steigenden Rohstoffpreisen drehte der australische Immobilienmarkt ab 2009 jedoch wieder schnell nach oben und setzte zu einem neuen Rekordsprung an. Fluktuierte das durchschnittliche

---

[*] Seit 2012 entweicht die Luft aus der Ressourcenblase, die Preise für Öl, Gas und Eisenerz sind gefallen, was auch auf ein Abkühlen der chinesischen Wirtschaft hindeutet.

Preis-Einkommen-Verhältnis für Immobilien in Australien von 1900 bis 2000 zwischen 1,5 und 3, so liegt es seit 2006 bei 4 und damit 30 Prozent über dem 100 Jahre gültigen historischen Rekordwert. Mittlerweile haben sich die Australier an steigende Immobilienpreise gewöhnt und verschulden sich bis über beide Ohren, um Immobilien kaufen zu können. Im Durchschnitt ist ein Australier mit 177 Prozent seines jährlichen Einkommens verschuldet und toppt damit sogar die Amerikaner, die es auf dem Höhepunkt ihrer Immobilienblase auf nur 120 Prozent schafften.[31]

Gleichzeitig muss die australische Zentralbank gegen die starke Nachfrage nach australischen Dollar ankämpfen und die Zinsen niedrig halten. Denn der australische Dollar gilt durch seine Rohstoffdeckung als solide Krisenwährung. Seit 2008 fließen vermehrt US Dollar, Yen und Euro nach Australien. Damit es nicht zu einer starken Aufwertung des australischen Dollar und zum Zusammenbruch der Exporte kommt, muss die australische Zentralbank entsprechend viele eigene Dollar drucken, um damit die ausländischen Währungen aufsaugen zu können. Intern trägt die expansive Geldpolitik durch niedrige Zinsen jedoch zu einer wachsenden Verschuldung der Haushalte bei und pumpt weiterhin heiße Luft in die Immobilienblase.

DIE NORDEUROPÄISCHEN IMMOBILIENBLASEN

Auch in Europa haben sich nach 2008 neue Immobilienblasen gebildet bzw. bereits vorhandene wurden weiter aufgepumpt. Ab 2009 flossen die Gelder, die einst von Nord- nach Südeuropa geflossen waren, wieder zurück in den Norden. Das Platzen der Immobilienblase in Spanien, Irland und den USA, und die zunehmende Verunsicherung der Anleger, führte zu einer Flucht in die sicheren Häfen der europäischen Währungsgemeinschaft. Das Geld der Anleger floss insbesondere nach Deutschland, Österreich, Schweden, Finnland, in die Niederlande und mit Einschränkungen auch nach Frankreich. Aber auch in den sicheren Häfen außerhalb der Eurozone bauen sich die Immobilienblasen weiter auf, darunter Norwegen und die Schweiz, die als besonders sichere Zufluchtsorte gelten.

In Europa kann man in Großbritannien, verglichen mit anderen europäischen Immobilienmärkten, gerade die größte Immobilienblase beobachten. Wobei man, wenn man von einer englischen Immobilienblase spricht, eigentlich den Großraum London meint. So kann man in London leicht 2.000 Pfund (ca. 2.800 Euro) für ein Ein-Zimmer-Appartement ausgeben, während man dafür in Manchester ein ganzes Haus mieten kann. Der Londoner Immobilienmarkt hat sich komplett von der Realwirtschaft und den darin erzielbaren Einkommen entkoppelt und spiegelt immer mehr die Gehälter der Londoner City und Kaufkraft russischer Oligarchen wider. Hinzu kommen vermögende Anleger aus aller Welt, die in den sicheren Londoner Immobilienmarkt drängen und die Preise durch die Decke schießen lassen. In den Londoner Topvierteln wie Kensington und Chelsea liegt das Preis-Einkommen-Verhältnis für Immobilien bei 26.[32]

Was für London gilt, kann man auch in Paris beobachten - absurde Immobilienpreise und Mieten, die für mittlere Einkommen unerschwinglich sind. In Frankreich als auch in England wird die Entwicklung am Immobilienmarkt größtenteils durch die Preisentwicklung in der Hauptstadt geprägt. Nachdem die Immobilienpreise in Frankreich von 2000 bis 2008 um 120 Prozent gestiegen waren, kam es 2008 im Zuge der Finanzkrise zu einem kurzen Einbruch. Seit 2009 kann man jedoch, vor allem im Großraum Paris, einen noch stärkeren Anstieg der Immobilienpreise als je zuvor beobachten. Allein im Jahr 2011 stiegen dort die Immobilienpreise um 10 Prozent, in manchem noblen Pariser Arrondissement sind die Preise in jenem Jahr sogar um 27 Prozent gestiegen.[33] Laut Untersuchungen des Wirtschaftsmagazins *The Economist* aus dem Jahr 2013 sind Immobilien in Frankreich im Vergleich zu den erzielbaren Mieten bzw. Einkommen um 50 Prozent bzw. 35 Prozent überbewertet.[34]

Für die französische Mittelschicht, die immer mehr mit stagnierenden Einkommen und Jobverlusten zu kämpfen hat, wird der Erwerb bzw. die Miete von Immobilien immer schwieriger. Für die stark vom Konsum abhängige französische Wirtschaft ergeben sich dadurch beträchtliche Risiken.

Die französischen Banken, welche durch Abschreibungen auf Kredite, die nach Südeuropa, insbesondere Griechenland, vergeben wurden, sehr stark in der Bredouille geraten sind und maßgebliche Nutznießer der europäischen „Rettungsprogramme" sind, werden kaum in der Lage sein, weitere Kreditausfälle stemmen zu können. Wenn die französische Immobilienblase platzt, wird das weitreichende Folgen für Frankreich und den Euroraum haben. Die Größenordnung der Verluste würde die Geldverbrennung, die im Zuge der Griechenlandkrise durch die unzähligen Rettungspakete entstanden ist, noch um ein Vielfaches übersteigen.

Neben Frankreich und Großbritannien haben auch die kleineren EU-Länder mit Immobilienblasen zu kämpfen, darunter die Niederlande und Österreich.

In den Niederlanden stiegen die Immobilienpreise seit den 1990er Jahren bis zum Ausbruch der Finanzkrise 2008 um 180 Prozent. Niedrige Zinsen, lockere Kreditvergabe, steuerliche Anreize und stetig steigende Immobilienpreise veranlassten die Niederländer, immer höhere Kredite zur Finanzierung der Immobilienkäufe aufzunehmen. Die Banken beliehen Immobilien bis zum Ausbruch der Krise mit Hypotheken, die über 125 Prozent des von der Bank ermittelten Buchwertes lagen.[35] Die Konsequenz war, dass die Niederländer sich bis über beide Ohren verschuldeten. Im Jahr 2012 betrugen die Schulden der niederländischen Haushalte 285 Prozent des verfügbaren Einkommens.[36] Die private Verschuldung der Niederländer ist mittlerweile eine der höchsten in den westlichen Industriestaaten.

Seit 2008 entweicht die Luft aus der niederländischen Immobilienblase. Real, unter Berücksichtigung der Verbraucherinflation, sind die Preise innerhalb von 7 Jahren um 20 Prozent gefallen. Dazu beigetragen haben auch die durch die Regierung beschlossenen strikteren Regelungen zur Kreditvergabe. So ist es niederländischen Banken seit 2012 nur noch erlaubt, Kredite bis maximal 106 Prozent des Buchwertes zu vergeben. Außerdem müssen Banken die Immobilienkredite mit mehr Eigenkapital unterlegen.

Das Beispiel Niederlande zeigt, dass ein Platzen einer Immobilienblase nicht zwangsläufig in einem Crash münden muss, sondern Preise auch über einen längeren Zeitraum fallen können. Aber auch in den Niederlanden geht das Platzen der Blase nicht geräuschlos vonstatten.

Die Niederlande befinden sich seit 2008 in einer Phase der wirtschaftlichen Stagnation, d.h. ein Absinken des Sozialprodukts, steigende Arbeitslosigkeit und ein Anstieg der staatlichen Verschuldung. Auch auf absehbare Zeit werden die Niederländer mit dem Platzen ihrer Immobilienblase zu kämpfen haben, denn die private Verschuldung ist extrem hoch und kann bei einer Verschlechterung der wirtschaftlichen Situation zu einem Brandbeschleuniger werden, der dann auch zu einem Crash führen könnte.

Auch in Österreich kann man eine Immobilienblase beobachten, die im Gegensatz zu den Niederlanden zwar noch nicht geplatzt ist, aber auch hier sind erste Anzeichen einer Abkühlung bereits zu sehen.[37] (Stand Sommer 2015) Wie in England und Frankreich ist die österreichische Immobilienblase stark durch die Entwicklung am Wiener Immobilienmarkt geprägt. Während in ganz Österreich die Immobilienpreise seit 2003 um moderate 37 Prozent gestiegen sind, legten sie in Wien um stolze 99 Prozent zu. Im gleichen Zeitraum stieg das durchschnittliche Haushaltseinkommen gerade einmal um 36 Prozent.[38]

Damit folgt der Wiener Immobilienmarkt den großen Metropolen wie London und Paris, wenn auch auf einem etwas niedrigeren Level - überall wird es für durchschnittliche Einkommen immer schwieriger, bezahlbaren Wohnraum zu finden bzw. Immobilien zu erwerben. Österreich gilt, ähnlich wie die Bundesrepublik, seit 2008 als sicherer Hafen für Investoren. Hinzu kommen real negative Zinsen, d.h. die Zinsen für Immobilienkredite liegen teilweise unterhalb der Inflationsrate und führen zu einer verstärkten Nachfrage nach Immobilien als Investitionsobjekt.

Unsicherheit und günstige Finanzierungsbedingungen führen zu Investitionen in das Betongold, hauptsächlich in den Metropolregionen der als sicher geltenden Länder der Eurozone. Besonders der deutsche Immobilienmarkt ist nach dem Platzen der amerikanischen Immobilienblase und der Bankenkrise im Euroraum zu einem Zufluchtsort für in- und ausländische Investoren geworden.

In Deutschland stagnierte der Immobilienmarkt bis zum Ausbruch der Krise 2008 und die Preise stiegen mehr oder weniger im Einklang mit der allgemeinen Verbraucherinflation. Seit 2010 kann man in den deutschen Metropolen wie Hamburg, München, Frankfurt und Berlin ein Anziehen der Immobilienpreise und Mieten beobachten. In den Toplagen der Innenstädte sind längst Preisblasen entstanden.

In München müssen Käufer einer Immobilie im Durchschnitt das 7,6-Fache ihres Jahreseinkommens bezahlen.[39] Selbst in den kleineren Städten wie Oldenburg, Bielefeld und Münster steigen die Mieten und Preise für Wohnraum.

Gerade die Ballungsräume befinden sich schon jetzt in einer Blase. Dies bedeutet jedoch nicht, dass die Preise nicht noch weiter steigen können. Vergleicht man das Preis-Einkommen-Verhältnis in den deutschen Boom-Städten mit dem Niveau in Frankreich oder den Niederlanden, so ist noch Spielraum nach oben. Der deutsche Immobilienmarkt holt das auf, was die Immobilienmärkte in anderen europäischen Ländern bereits vorweggenommen haben - steigende Preise und Mieten in den (noch) wirtschaftlich funktionierenden Ballungsräumen.

FAZIT IMMOBILIENBLASEN

Dachte man nach dem Platzen der amerikanischen Immobilienblase, dass es so schnell nicht wieder zu einer Blasenbildung kommen würde, so kann man nun die Auswirkungen der durch die Notenbanken ab 2009 eingeleiteten Politik des billigen Geldes auf die weltweiten Immobilienmärkte beobachten. In vielen Ländern kam es nach einer Korrektur der Preise ab 2010 schnell wieder zu einer Aufholjagd. Der regionale Schwerpunkt der Blasen verschob sich.

Während sich bis zum Ausbruch der Finanzkrise 2008 die Immobilienmärkte in der Euro-Peripherie aufpumpten, floss das Geld nach 2008 zunehmend in die als „sicher" eingestuften Häfen Mittel- und Nordeuropas. Auch in den USA steigen die Immobilienpreise seit 2012 wieder.

Die Krise von 2008 zeigte, wie gefährlich das Platzen einer Immobilienblase sein kann. In vielen Ländern haben sich nach 2008 Immobilienblasen aufgebaut und auch diese werden an einem gewissen Punkt platzen. Auch wenn man nicht vorhersehen kann, wann dies passiert, legen sie den Grundstein für die nächste Krise.

....

5

DIE AKTIENBLASE

Die durch die Notenbanken seit 2009 mit billigem Geld gefluteten Finanzmärkte erholten sich, zumindest in der öffentlichen Wahrnehmung, recht zügig von der Finanzkrise, und an den Aktienbörsen setzte ab 2010 schnell wieder der Boom-Modus ein. Wenn es das Ziel der Notenbanken war, durch die massive Infusion frischen Geldes die Preise von Vermögenswerten vor dem Kollaps zu bewahren und die Aktienkurse so schnell wie möglich wieder in neue Höhen zu befördern, so kann man feststellen, es war ein voller Erfolg! Der deutsche Leitindex Dax stieg von seinem Tiefpunkt bei 3.800 Punkten Anfang des Jahres 2009 auf über 12.000 Punkte im Frühjahr 2015 - plus 215 Prozent in 6 Jahren bzw. durchschnittlich 35 Prozent Steigerung pro Jahr. In den USA stieg der Dow Jones, der die 30 größten börsengehandelten Unternehmen umfasst, innerhalb von 6 Jahren von 7.000 auf über 18.000 Punkte, eine Steigerung von immerhin noch 157 Prozent oder 26 Prozent pro Jahr.

Entwicklung S&P500 und Dax

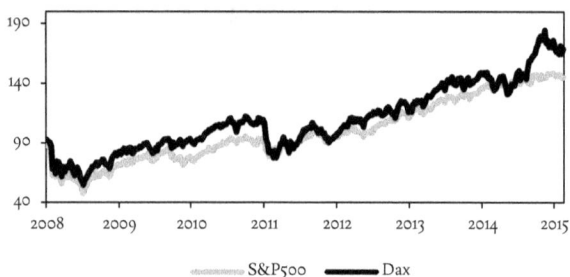

Quelle: finance.yahoo.com

Der weiter gefasste S&P500 legte um 162 Prozent und damit um 27 Prozent pro Jahr zu. Auch wenn die wenigsten Anleger zum Tiefpunkt eingestiegen sind und die gesamte Rally mitgemacht haben, sind die Kursgewinne in dieser kurzen Zeit, wenn man den Ausgangspunkt des Jahres 2008 und den weltweiten damaligen Einbruch der Wirtschaftsleistung betrachtet, bemerkenswert. Der Dax schaffte durch Kursgewinne und Dividendenzahlungen der Unternehmen eine Rendite, von der deutsche Sparer bei Zinsen von unter einem Prozent nur träumen können. In Deutschland ist die Zahl der Aktionäre seit Jahren rückläufig und damit profitiert das Ausland von den Gewinnen und der Arbeitsleistung der deutschen Unternehmen. Ganze 64 Prozent der Dax-Aktien befinden sich im Besitz ausländischer Anleger, darunter große US-Investmentgesellschaften, die das billige Geld der amerikanischen Notenbank FED nehmen und damit in Deutschland auf Einkaufstour gehen. Die Hausse am deutschen Aktienmarkt geht nicht zuletzt auf das Konto der FED und ihrer QE-Programme, in denen sie die Staatsanleihen von Investmentgesellschaften aufkauft und ihnen damit neues, frisches Geld zur Verfügung stellt. Dieses Geld muss nun wiederum investiert werden, entweder in neue Staatsanleihen oder aber in Aktien. Da die Renditen der Staatsanleihen nahe der Nulllinie tendieren, bieten sich Aktien von soliden, dividendenstarken Unternehmen förmlich an. Wenn man als Investmentgesellschaft vor der Wahl steht, eine Staatsanleihe mit Null Prozent Verzinsung oder aber eine solide Aktie mit 3 Prozent Dividendenrendite zu kaufen, dann ist die Wahl eindeutig. Im Endeffekt sorgt die Nullzinspolitik der Notenbanken dafür, dass Anleger aufgrund der Nullrenditen bei den festverzinslichen Anlagen vermehrt in Aktien gedrängt werden und die Kurse nach oben treiben.

DIE FED TREIBT DIE KURSE

Die FED hat seit der Finanzkrise 2008 über mehrere QE-Programme, also den Ankauf von Staatsanleihen und anderen Wertpapieren, zusätzlich Liquidität in die Finanzmärkte gepumpt. Dabei kauft die FED beispielsweise eine US-Staatsanleihe, die sich im Besitz einer privaten Bank befindet. Die FED nimmt die US-Staatsanleihe in ihre Bilanz und stattet so den Verkäufer der Anleihe, in dem Fall die Bank, mit frisch erschaffenem Geld aus.[*] Die Bank wiederum nutzt dieses Geld, um damit neue Kredite zu vergeben oder aber bestehende Wertpapiere kaufen zu können. Die FED hat auf diese Weise seit 2008 3,4 Billionen Dollar in Umlauf gebracht und ein wahrscheinlich nicht unerheblicher Teil dieses Geldes ist in den Aktienmarkt geflossen.

Betrachtet man die Entwicklung des S&P500 und die durch die QE-Programme geschaffene Menge an Zentralbankgeld, so zeigt sich eine sehr starke Korrelation.

---

[*] Geld, das durch die Zentralbank geschaffen wird, wird auch Zentralbankgeld genannt.

Entwicklung S&P500 und Zentralbankgeld

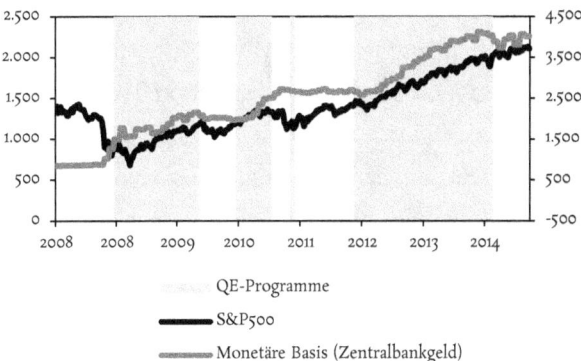

QE-Programme

━━━ S&P500

━━━ Monetäre Basis (Zentralbankgeld)

Quelle: finance.yahoo.com und FED

Die Entwicklung des S&P500 (linke Skala) und die Ausweitung der Geldmenge (Zentralbankgeld, rechte Skala in Mrd. US Dollar) gehen Hand in Hand. Das erste QE-Programm von Dezember 2008 bis März 2010 führte zu einem Anstieg des S&P500 um stattliche 42 Prozent. Nach Beendigung des ersten Ankaufprogramms versickerte die Liquidität und unter den Marktteilnehmern machte sich Verunsicherung breit - der S&P500 fiel in der Folge um 11 Prozent. Das anknüpfende zweite QE-Programm von November 2010 bis Juni 2011 ließ die Kurse dann um 24 Prozent steigen. Auch hier kam es nach Beendigung des Programms zu einem Rückgang der Kurse und der S&P500 verlor im Verlauf der nächsten zwei Monate 14 Prozent.

Das im September 2011 gestartete Programm wird, weil es nicht so sehr um die Ausweitung der Geldmenge als um die Senkung der langfristigen Zinsen ging, nicht als QE-Programm sondern als Operation Twist bezeichnet. Wieder reagierte die Börse und der S&P500 stieg um 20 Prozent, bis dann im September 2012 das vorerst letzte QE-Programm eingeleitet wurde und der S&P500 bis zu dessen Auslaufen im Oktober 2014 nochmals um 36 Prozent in die Höhe kletterte. Auch wenn QE-Programme und die Entwicklung des S&P500 seit 2008 stark korrelieren, bedeutet das nicht, dass allein die Ausweitung der Geldmenge zu steigenden Kursen führt. Schon die Erwartung, dass die FED, und mit ihr andere Notenbanken wie die EZB, den Markt weiter mit neuem Geld fluten, reicht aus, um die Kurse oben zu halten.[*]

Denn solange die Notenbanken Geld drucken und dem Aktienmarkt ständig neue Liquidität zuführen, können die Kurse nicht fallen, so zumindest die Annahme vieler Anleger. Die Bewertungen am Aktienmarkt entkoppeln sich damit von den Einkommen der Unternehmen und spiegeln in verstärktem Maße die Entscheidungen der Notenbanken, ihre Geldpolitik und die an sie gestellten Erwartungen wider.

---

[*] Die EZB übernahm nach Auslaufen des dritten QE-Programms der FED im Oktober 2014 das Zepter und kündigte im Januar 2015 an, sie werde über die nächsten Monate 1,1 Billionen Euro in den Markt pumpen.

DAS BEWERTUNGSNIVEAU

Steigende Aktienkurse sind, wie auch steigende Immobilienpreise, grundsätzlich kein Anlass zur Sorge - solange die Kurse im Verhältnis zu den Einkommen steigen. Mit dem Besitz einer Aktie ist man Miteigentümer eines Unternehmens und erhält damit auch einen Anspruch auf die vom Unternehmen erwirtschafteten Gewinne.

Ist die allgemeine konjunkturelle Situation gut und die Unternehmen können ihre Umsätze und Gewinne steigern, dann spiegeln steigende Aktienkurse die gute konjunkturelle Entwicklung wider. Das Bewertungsniveau erhöht sich nicht, sondern bleibt gleich, da ein steigender Aktienkurs durch steigende Gewinne gedeckt wird.

Steigen die Aktienkurse jedoch schneller als die Gewinne muss man als Anleger für denselben Gewinnanspruch mehr Geld auf den Tisch legen - Aktien werden somit teurer. Damit erhöht sich das Bewertungsniveau - das Kurs-Gewinn-Verhältnis (KGV) steigt. Nachfolgend ist das Bewertungsniveau anhand des Kurs-Gewinn-Verhältnisses (Shiller KGV)[40] für den amerikanischen Aktienindex S&P500, in dem die 500 größten US-Unternehmen gelistet sind, dargestellt.

Shiller KGV für den S&P500

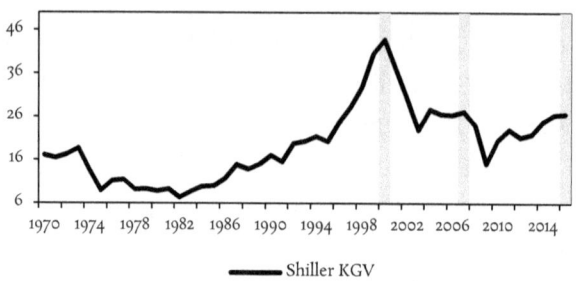

Quelle: www.multpl.com

In den 1970er Jahren bewegte sich der amerikanische Aktienmarkt seitwärts und auch die Gewinne der Unternehmen kamen durch Ölkrisen und galoppierende Inflation unter Druck. Für Anleger waren die 1970er ein schwieriges Jahrzehnt, das Vielen eine Null bzw. negative Rendite bescherte. Das Bewertungsniveau, gemessen am Shiller KGV, sank bis 1982 auf einen historisch niedrigen Wert von 7 und damit auf den drittniedrigsten Wert der Geschichte.[*] Die Gewinnrendite, also Gewinn geteilt durch den Aktienkurs, betrug Anfang der 1980er für einen Investor nominal etwa 14 Prozent!

---

[*] Im Jahr 1921 und 1932 lag das Shiller KGV bei ca. 5.

Mit dem Siegeszug der Reaganomics erlebte der amerikanische Aktienmarkt eine Wiedergeburt und der S&P500 setzte zur längsten Aktienmarkthausse der Geschichte an.

Die Kurse stiegen und setzten ab Mitte der 1990er zu einem finalen Schlussspurt an, der bis ins Jahr 2000 andauern sollte. Das Shiller KGV kletterte bis ins Jahr 2000 auf über 40 und damit auf den höchsten Stand überhaupt. (Im Diagramm grau hinterlegt) Auf dem Höhepunkt der Dot.com Blase war die Diskrepanz zwischen den Erwartungen der Anleger auf Kurssteigerungen und den realen Gewinnen der Unternehmen so groß wie zu keinem anderen Zeitpunkt in der Geschichte des Aktienmarktes. Selbst im Jahr 1929, als die Spekulationsblase der 1920er ihren Höhepunkt erreichte, lag das Shiller KGV bei gerade einmal 30.

Nach dem Platzen der Dot.com Blase im Jahr 2000 erholte sich der Aktienmarkt sehr schnell und die Kurse drehten bis ins Jahr 2007 wieder nach oben. Das Shiller KGV verweilte ab 2003 bei über 25 und erreichte im Jahr 2007 einen neuen Höhepunkt. (Im Diagramm grau hinterlegt) In 2008 brachen die Kurse dann ein und der Wert des S&P 500 halbierte sich. Damit sank das Shiller KGV auf 15. Im weiteren Verlauf stieg das Bewertungsniveau durch die anziehenden Aktienkurse jedoch schnell wieder an und erreichte schon bald das Vorkrisenniveau.

Wie solide ist die Erholung?

Im Gegensatz zu früheren Erholungen nach einer Rezession bleibt die wirtschaftliche Situation in den USA und weiten Teilen der industrialisierten Staaten seit 2008 sehr fragil. Die Gewinne der US-Unternehmen leiden unter der schlechten Einkommenssituation und den hohen Schulden der US-Verbraucher, die nach dem Zusammenbruch des Immobilienmarktes und dem Wegbrechen von gutbezahlten Jobs kaum noch als Stütze des US-Konsums herhalten können. Viele kritische Beobachter sehen die USA seit 2008 in einer fortlaufenden Rezession, die nur durch die aggressive Geldpolitik der FED maskiert wird.[41] Viele Daten unterstützen diese These. So ist die Arbeitslosenrate zwar von knapp 10 Prozent im Jahr 2010 auf aktuell (Stand: Sommer 2015) ca. 5,5 Prozent gefallen, gleichzeitig ist die Erwerbsquote, also der Anteil Bevölkerung, der einen Job hat bzw. nach einem Job sucht, jedoch auf den niedrigsten Stand seit 1978 gesunken und liegt mittlerweile bei nur noch rund 62 Prozent. Leider muss man die offiziellen, von der US-Regierung publizierten Zahlen, gerade was Arbeitslosigkeit betrifft, stark hinterfragen. Über die Jahre gab es viele methodische und statistische Veränderungen, die dazu führten, dass die Zahlen für die Arbeitslosenquote und Inflation sehr stark gesunken sind.

Die Webseite *shadowstats.com* führt Statistiken auf Basis der alten Datenerhebung und vermeldet seit 2009 eine Arbeitslosenquote von über 20 Prozent und eine Inflationsrate von über 4 Prozent. Verfolgt man ein wenig die Stimmung in den USA, so entsprechen diese Zahlen eher der gefühlten Lage als die offiziellen Zahlen. Das bedeutet, dass trotz der von Ökonomen viel beschworenen „Erholung" der US-Wirtschaft, so wenig Menschen in Lohn und Brot sind wie schon lange nicht mehr. Die nominalen Löhne bewegen sich kaum vom Fleck. Nach Abzug der offiziellen Inflation verdient ein amerikanischer Arbeiter, so er denn einen Job hat, genauso viel wie 1978! Hinzu kommen die in der Vergangenheit angehäuften Pensionsverpflichtungen bei Unternehmen und zusätzliche Ausgaben der amerikanischen Bundesregierung, die schwer auf der amerikanischen Wirtschaft lasten. Seit den 1970ern schwillt das US-Handelsbilanzdefizit an, d.h. die Amerikaner importieren weitaus mehr Güter als sie exportieren. Dieses Defizit muss ständig über neue Kredite aus dem Ausland finanziert werden. Waren die USA nach dem 1. Weltkrieg die größte Gläubigernation, so markierte das Jahr 1985 den Wendepunkt und die USA wurden die größte Schuldnernation der Welt.[42] Auch auf der Staatsebene sind die Finanzen prekär und die Ausgaben können nur durch eine ständige Kreditaufnahme finanziert werden.

Das Budgetdefizit der US-Regierung beträgt rund 500 Mrd. US Dollar pro Jahr - das ist mehr als der gesamte deutsche Bundeshaushalt von umgerechnet 325 Mrd. US Dollar. Die FED finanziert dieses Defizit über den Aufkauf von US-Staatsanleihen und monetarisiert damit die Schulden. Dadurch senkt sie die Renditen für US-Staatsanleihen und pumpt billiges Geld in den Finanzmarkt. Dieses billige Geld übertüncht die strukturellen Probleme der Überschuldung und mangelnden Wettbewerbsfähigkeit von weiten Teilen der US-Wirtschaft. Die Unternehmen können mangels Nachfrage der überschuldeten Verbraucher nur schwer steigende Umsätze erzielen. Auf der Ausgabenseite führen die niedrigen Zinsen allerdings zu einer Entlastung bei den Kreditkosten und halten so die Gewinnmargen der Unternehmen einigermaßen stabil.

Außerdem führen die Aktienrückkaufprogramme vieler Unternehmen zu einer auf dem Papier höheren Profitabilität.[*] Denn seit 2009 kaufen die Unternehmen immer mehr ihre eigenen Aktien auf und steigern so den Gewinn pro Aktie. Wie der Nachrichtendienst Bloomberg berichtet, kündigten allein für die ersten fünf Monate

---

[*] Bei einem Aktienrückkaufprogramm kauft das Unternehmen Aktien von den Anlegern zurück und reduziert damit die Anzahl der gehandelten Aktien. Da die Gewinne immer über alle ausstehenden Aktien verteilt werden, steigt bei einer geringeren Anzahl von Aktien der Gewinn pro Aktie.

des Jahres 2015 die Unternehmen des S&P500 Aktien-
rückkäufe im Wert von 460 Milliarden US Dollar an.[43]
Finanziert werden diese Rückkaufprogramme über die
Platzierung von Anleihen und somit über eine wachsende Verschuldung der Unternehmen. Im Endeffekt nehmen die Unternehmen zu niedrigen Zinsen Kredite auf
und kaufen damit die eigenen Aktien von den Anlegern
zurück. Auf Kosten einer höheren Verschuldung wird
damit ein künstlich höherer Gewinn pro Aktie erzeugt.
Aktien werden mit zusätzlichen Schulden aufgeladen
und dadurch werden die bestehenden Aktien der Anleger gehebelt, ohne dass diese es mitbekommen.

Der Crash von 2008 zeigte, wie gefährlich zu hohe
Schulden in turbulenten Zeiten werden können. Gerät
die Weltwirtschaft wieder in die Rezession, werden
Schulden schnell zu einem Brandbeschleuniger, denn die
Finanzen der Unternehmen werden durch steigende
Zinsen und wegbrechende Einnahmen in die Zange
genommen. Viele Banken gerieten dadurch in finanzielle
Schwierigkeiten, auch weil die Kredite oft nur eine kurze
Laufzeit haben und steigende Zinsen schnell auf die
Bilanz der Unternehmen durchschlagen.

Insgesamt lässt das niedrige Zinsniveau die Unternehmen profitabler erscheinen, als sie es in Wirklichkeit
sind. Vieles spricht für eine durch die FED und ihre
Niedrigzinspolitik künstlich geschaffene Erholung.

MEAN REVERSION - BÄUME WACHSEN NICHT IN DEN HIMMEL

Das Konzept des *Mean Reversion,* also die Rückkehr zum Durchschnitt, geht davon aus, dass das Bewertungsniveau über einen langen Zeitraum betrachtet um seinen Durchschnitt herum fluktuiert. Kurzfristig kann es immer wieder zu starken Extremen kommen, aber langfristig bewegt sich das Bewertungsniveau in Richtung Durchschnitt. Denn Aktienkurse können nicht ewig ansteigen, der *Markt* korrigiert an einem bestimmten Punkt den Exzess und eliminiert die Überbewertung durch fallende Kurse. Dies funktioniert genauso auch in die andere Richtung. Sind die Kurse im Vergleich zu den Gewinnen sehr niedrig, wird der Kurs steigen und die Bewertung sich in Richtung des Durchschnitts verschieben.

Dabei kommt es bei Preiskorrekturen sehr oft zu einem Überschießen, d.h. die Preise halten sich nicht unbedingt an das statistische Maß und über- bzw. unterbieten den Durchschnitt. Insbesondere bei einem Crash nehmen die Emotionen der Anleger überhand und lassen die Stimmung von Euphorie in Panik umschlagen, was an den Börsen zu massenhaften Verkaufswellen führt. Während eines Crashs möchte jeder so schnell wie möglich verkaufen, auf der anderen Seite gibt es aber keine Käufer, die bereit sind, die Papiere aufzunehmen.

Die Aktienkurse rauschen in die Tiefe und mit ihnen fällt das Bewertungsniveau - meistens leiden zwar auch die Gewinne der Unternehmen, aber oftmals nicht so stark wie der Kursverfall impliziert.

Auf der anderen Seite kann man in steigenden Aktienmärkten sehr oft das Phänomen des *Irrational Exuberance* (unvernünftiger Überschwang), dem Auseinanderdriften der Preise von Aktien und deren Ertragskraft, beobachten. Je höher Aktien im Kurs steigen, desto rosiger betrachten Anleger meist auch die zukünftige Preisentwicklung.

Der Durchschnitt des Bewertungsniveaus dient somit als Referenz für eine mögliche Unterbewertung bzw. Überbewertung der Ertragskraft von Unternehmen an der Börse und mit ihm lassen sich günstige Kaufgelegenheiten bzw. Aktienblasen identifizieren. Denn der Kauf einer Aktie sichert dem Besitzer einen Anspruch auf zukünftige Gewinne. Erhöht sich der Preis bei gegebenen Gewinnen, sinkt die Rendite für Anleger. Sinkt der Preis bei gegebenen Gewinnen, steigt die Rendite für Anleger.

Der historische Durchschnitt des Shiller KGV liegt seit dem Aufzeichnungsbeginn des S&P500 im Jahre 1881 bei 16. Betrug das Shiller KGV auf dem Höhepunkt der letzten Aktienhausse vor dem Crash 2008 noch ca. 27, brach das KGV danach auf 15 ein und sank erstmals seit 20 Jahren wieder auf einen Wert unterhalb des historischen Durchschnitts. Rückblickend war das Jahr 2007 kein günstiger Zeitpunkt, um in den Aktienmarkt einzusteigen, und mittlerweile ist das Bewertungsniveau wieder (Stand: Sommer 2015) auf dem Stand von 2007 angelangt. Das Shiller KGV liegt wieder bei ca. 27, damit ist das Bewertungsniveau von Aktien genauso hoch wie vor Ausbruch der Finanzkrise. Im Jahr 2008 kam der Auslöser für den Aktienmarkt-Crash über den Zusammenbruch des amerikanischen Immobilienmarktes. Der amerikanische S&P 500 und der deutsche Leitindex Dax verloren von ihren jeweiligen Höchstständen im Jahr 2007 bis Ende des Jahres 2008 50 Prozent ihres Wertes. Aktuell ist die Fallhöhe ähnlich hoch wie 2008 und unter den gegebenen Umständen einer durch die FED-Politik induzierten Geldflut vielleicht sogar noch höher.

IPO-BOOM ALS SYMPTOM EINER AKTIENBLASE

Auf dem Höhepunkt jeder Aktienblase treten ein paar Symptome zu Tage, wie der zunehmende Verkauf von Aktien durch Insider und vermehrte Börsengänge von sehr riskanten Geschäftsmodellen, die auf ein baldiges Ende der Hausse hindeuten. Insbesondere eine steigende Anzahl von Börsengängen sehr spekulativer Unternehmen stellt solch ein klassisches Anzeichen dar.

Denn solange die Kurse in luftiger Höhe verweilen und die Party anhält, ist es einfach, das Geld der Anleger einzusammeln, um damit spekulative Geschäftsmodelle, die meist nur auf Hoffnungen und Wünschen basieren, mit Kapital auszustatten. Daher kann man in steigenden Märkten viele neue Börsengänge, auch IPOs (Initial Public Offering) genannt, beobachten, die zur Zeit ihres Börsenganges einen Verlust in ihrer Bilanz ausweisen. Der Finanznachrichtendienst Bloomberg publiziert in periodischen Abständen das Verhältnis von IPOs, die Verluste ausweisen, zu denen, die zum Zeitpunkt des Börsengangs einen Gewinn vorweisen können. In schwierigen Marktphasen, wenn die Kurse am Boden sind oder sich seitwärts bewegen, liegt dieses Verhältnis bei etwa 40 Prozent. Das bedeutet 4 von 10 Unternehmen machen zum Zeitpunkt ihres Börsengangs Verluste. In steigenden Aktienmärkten, wenn die Risikobereitschaft der Anleger steigt und viele spekulative Geschäftsmodelle an den Markt drängen, steigt der Anteil der IPOs mit tiefroten Zahlen, die um die Gunst der Anleger buhlen. Auf dem Höhepunkt der Dot.com Blase im Jahr 2000 konnten stolze 76 Prozent der IPOs keine Gewinne ausweisen. Als dann die Internetblase platze und der IPO-Markt praktisch zum Erliegen kam, konnte ein Unternehmen nur an die Börse gehen, wenn es auch Gewinne vorweisen konnte. Als dann ab 2004 die Aktienmärkte wieder stiegen und mit ihnen der Risikoappetit der Anleger, kamen auch vermehrt wieder sehr risikoreiche IPOs an den Markt. Im Jahr 2007 stieg der Anteil der verlustbringenden Börsengänge auf 65 Prozent und damit den höchsten Wert seit der Dot.com Blase.[44] Aktuell (Stand: Sommer 2015) vermeldet Bloomberg die neue Rekordmarke von 78 Prozent und damit wird sogar noch der bisherige Höhepunkt aus dem Jahr 2000 getoppt. Zurzeit verdienen fast 4 von 5 IPOs kein Geld und werden höchstwahrscheinlich auch auf absehbare Zeit keine schwarzen Zahlen schreiben, aber dennoch werden diese Unternehmen zu teilweise absurden Marktwerten gehandelt. Aber nicht nur die großen IPOs der vergangenen Jahre wie LinkedIn, Zynga, Yelp und Facebook sind Spekulationsblasen, sondern auch viele Start-ups, die auf dem Sprung zum großen Börsenparkett stehen, werden mit Preisen bewertet, die an den Höhepunkt der Spekulationsblase aus dem Jahr 2000 erinnern.

Was denken Sie, wie hoch könnte man den Preis für ein Unternehmen ansetzen, das vier fahrbare Imbissstände betreibt und im Jahr 2014 einen Verlust von 7,7 Millionen US Dollar bei einem Umsatz von 3,6 Millionen auswies? Abgesehen davon, dass es dem Management nicht gelingt, mit dem Verkauf von Hamburgern einen Gewinn zu erwirtschaften, könnte man guten Gewissens den Wert der Aktiva der Bilanz, also die Imbissfahrzeuge, als Vermögenswerte ansehen und notfalls verkaufen.

Damit würde der Wert des Unternehmens, da es operativ kein Geld verdient, nur aus den Anlagen des Unternehmens bestehen. Zum Stichtag am 31. Dezember 2014 betrug der Wert aller Anlagen, also Allem, was dem Unternehmen gehört, ganze 753.396 US Dollar. Würde ein Käufer großzügig aufrunden und ignorieren, dass das Unternehmen auch Verpflichtungen in Höhe von 2,9 Millionen ausweist, dann könnte man rund eine Million US Dollar auf den Tisch legen.

Die Aktien des Unternehmens mit dem Namen *The Grilled Cheese Truck Inc* begannen am 28. Januar 2015 mit dem Handel. Der Kurs der Erstnotierung lag bei 6 US Dollar, was bei 18 Millionen ausgegebenen Aktien einem Marktwert von 108 Millionen US Dollar entspricht! Ein halbes Jahr später brach der Kurs um über 80 Prozent ein und pendelt seitdem um die Marke von einem US Dollar. Nichtsdestotrotz bewerten die Anleger *The Grilled Cheese Truck Inc* bei diesem Kurs immerhin noch mit 18 Millionen US Dollar - ein stolzer Preis für vier Imbissstände!

Das vorangegangene Beispiel verdeutlicht, wie in steigenden Aktienmärkten, insbesondere wenn das Geld durch die Notenbanken billig gehalten wird und Anleger auf festverzinsliche Anlagen keine Rendite erwirtschaften, immer mehr Anleger in spekulative Anlagen gedrängt werden.

Als Folge entstehen Unternehmensbewertungen, die mit gesundem Menschenverstand nicht nachvollziehbar sind. Anleger schalten auf dem Höhepunkt einer Spekulationsblase den Kopf aus und es zählt nicht mehr der innere (ökonomische) Wert einer Anlage, sondern nur die Hoffnung, einen weiteren dummen Käufer zu finden, der bereit ist, einen noch höheren Preis zu zahlen, als den, den man selber hinlegen musste. Diese auch als *Greater Fool* bezeichnete Theorie ist während Spekulationsblasen fast allgegenwärtig. Bei stetig steigenden Kursen versucht jeder Anleger auf der Welle zu reiten und einen noch größeren Dummen zu finden, der bereit ist, einen noch höheren Preis zu zahlen. An einem bestimmten Punkt drängen aber immer weniger Dumme in den Markt und die Kurse fangen an zu bröckeln. Setzen dann die ersten Verkäufe ein, kann es auf einmal sehr schnell gehen und eine Verkaufskaskade entsteht. Die Papiergewinne der Anleger lösen sich in Luft auf und reißen durch die schlechte Stimmung die Realwirtschaft mit in die Tiefe. In der Vergangenheit gingen die europäischen Aktienmärkte auf Tauchstation, wenn es am amerikanischen Aktienmarkt rappelte. Insbesondere der deutsche Aktienmarkt ist abhängig von den Entwicklungen der US-Wirtschaft.

Die USA sind nach Frankreich der zweitgrößte Exportmarkt für deutsche Produkte. Institutionelle Anleger aus dem englischsprachigen Raum, insbesondere aus den USA, stellen die mit Abstand größte Investorengruppe am deutschen Aktienmarkt.[45]

ES GIBT KEINE BLASE

Das Shiller KGV und die vermehrten Börsengänge hochspekulativer Geschäftsmodelle bieten gute Indikatoren, um eine Aktienblase zu identifizieren. Das bedeutet aber nicht, dass die Kurse nicht noch weiter steigen können. Solange das billige Geld weiterfließt und die Marktteilnehmer optimistisch in die Zukunft blicken, ist nicht abzusehen, wann die Blase platzt. Ein Crash wird durch einen schnellen Umschwung der Stimmung der Anleger ausgelöst. Was letztendlich diesen Stimmungsumschwung auslöst, lässt sich nicht vorhersagen. Die Bewertungen von Dax und Co. können weiter in Richtung des Bewertungsniveaus der Dot.com Blase des Jahres 2000 steigen. Damals griff die Aktienmanie auf weite Teile der Bevölkerung über. Heute sind, zumindest in Deutschland, weniger Anleger am Aktienmarkt investiert. Das Aktienfieber griff zur Jahrtausendwende stärker um sich, Millionen von Kleinanlegern spielten das große Spiel. Irrationaler Überschwang lässt sich schlecht messen und objektiv vergleichen.

Das aktuelle Bewertungsniveau (Stand: Sommer 2015) ist nicht so hoch wie zur Jahrtausendwende, aber dennoch genauso hoch wie vor Ausbruch der Finanzkrise 2008.

Eine Spekulationsblase lässt sich in Vorausschau nie mit 100-prozentiger Sicherheit identifizieren, erst in der Rückschau wird sie offensichtlich. Erst wenn die Mehrheit der Anleger nicht mehr an weiter steigende Preise glaubt, würde die Blase zusammenbrechen. Daher gibt es innerhalb einer Spekulationsblase naturgemäß wenige Kritiker, die vor einer Blase warnen, und ihre Einschätzungen stellen, solange die Blase anhält, nicht die Einschätzung der Mehrheit dar. Wäre die Mehrheit pessimistisch, was die zukünftige Preisentwicklung angeht, würden die Kurse nach unten korrigieren. Aktuell (Stand: Sommer 2015) sehen viele Anleger und Marktkommentatoren keine Gefahr einer Aktienblase.[46] Daher gibt es keine Blase, solange sie nicht geplatzt ist!

6

DIE STAATSBLASE

Neben den Preisblasen bei Immobilien und Aktien führt die seit der Finanzkrise von 2008 initiierte Politik des billigen Geldes auch zu einer Blase an den Anleihemärkten.

Eine Anleihe ist ein festverzinsliches Wertpapier, das von Unternehmen oder Staaten herausgegeben wird. Man spricht auch von der Emission der Anleihe, daher wird der Herausgeber oft auch Emittent genannt. Ein Käufer einer Anleihe wird damit Kreditgeber (Gläubiger) des Herausgebers der Anleihe (Schuldner). Der Schuldner verpflichtet sich gegenüber dem Kreditgeber, über die Laufzeit der Anleihe einen festgelegten Zinssatz und am Ende der Laufzeit den Nennbetrag der Anleihe wieder zurückzuzahlen. Während der Laufzeit der Anleihe schwankt der Kurs, je nachdem welche Zinsen gerade am Markt gezahlt werden und wie risikoreich die Anleihe eingestuft wird.

Angenommen, ein Unternehmen gibt eine Anleihe im Nominalwert von 100 Euro mit einem Coupon von 5 Prozent heraus, das bedeutet, es werden über die Laufzeit der Anleihe pro Jahr 5 Euro ausgezahlt. Weiterhin nehmen wir an, das Zinsniveau für eine Anleihe mit vergleichbarem Risiko und Laufzeit verändert sich und steigt von 5 auf 8 Prozent. Für Investoren ist der 5-Prozent-Coupon der alten Anleihe nun nicht mehr attraktiv. Ein Investor, der vor der Wahl einer 5 oder 8 prozentigen Verzinsung steht, würde natürlich die höher verzinste Anleihe kaufen. Um die alte, niedriger verzinste Anleihe für Investoren interessant zu machen, muss der Preis der Anleihe entsprechend fallen. Genauer gesagt fällt der Preis von 100 auf 62,5 Euro, um damit auf die neue Verzinsung von 8 Prozent zu kommen, denn 5 Euro Coupon geteilt durch 62,5 Euro ergibt 8 Prozent.

Würden die Zinsen von 5 auf 3 Prozent sinken, würde der Preis der 5-prozentigen Anleihe steigen, da sie bei dem aktuellen Zinsniveau 5 anstatt 3 Euro auszahlt. Der Kurs der Anleihe würde auf 166,67 Euro steigen.

Eine Erhöhung des Zinsniveaus führt zu fallenden Kursen für Anleihen. Auf der anderen Seite führt ein Absinken des Zinsniveaus zu steigenden Anleihekursen.

Für Unternehmen ist die Emission von Anleihen bei niedrigem Zinsniveau attraktiv, da für Anleihen, anders als bei Bankkrediten, keine Sicherheiten hinterlegt werden müssen.

Außerdem müssen Unternehmen bei der Emission von Anleihen, wie es bei Aktienemissionen der Fall ist, kein Mitspracherecht einräumen. Käufer von Anleihen sind gegenüber dem Unternehmen Kreditgeber und damit Gläubiger.

STAATSANLEIHEN

Auch bei Staatsanleihen sind die Käufer der Staatsanleihe Gläubiger gegenüber dem Staat (Emittent). Während eine Unternehmensanleihe durch das Unternehmensvermögen und dessen Ertragskraft gedeckt wird, entsteht bei einer Staatsanleihe die Kreditwürdigkeit durch den Steuerzwang. Da die Möglichkeit der Steuererhöhung bei vielen Staaten als schier unbegrenzt angesehen wird, werden Staatsanleihen als sehr sichere Anlagen betrachtet. Generell gilt, je sicherer die Anleihe eingeschätzt wird, desto niedriger sind die Zinsen, die ein Anleger erwarten kann. Ein Faktor, der bestimmt wie sicher eine Anleihe ist, ist die Höhe der Verschuldung des Emittenten. Hier gilt, je höher die Verschuldung, desto risikoreicher die Anleihe, und desto höher die Zinsen, die der Emittent bieten muss. Ratingagenturen versuchen, dieses Risiko, sowie die Ausfallwahrscheinlichkeit, also wie wahrscheinlich es ist, dass der Emittent während der Laufzeit der Anleihe nicht mehr seinen Zins- und Tilgungsverpflichtungen nachkommen kann, zu messen.

Das AAA-Rating, das beste vergebene Rating, impliziert eine Ausfallwahrscheinlichkeit, die gegen Null tendiert. Nachfolgend ist die Rendite von 10-jährigen US-Staatsanleihen (linke Skala in Prozent) und die Staatsverschuldung im Vergleich zum Bruttosozialprodukt (rechte Skala in Prozent) seit 1970 dargestellt.

Rendite US-Staatsanleihe und Verschuldung
zu BSP

US-Rezession

10-jährige Rendite US-Treasury in %

Bundesschuld/GDP in %

Quelle: Federal Reserve Bank of St. Louis (FRED)

Während die Staatsschuld im Vergleich zum BSP in den 1980ern unter Reagan kontinuierlich anstieg, stagnierte bzw. sank das Verhältnis Staatsschulden zu BSP ab Mitte der 1990er unter Präsident Clinton. Mit dem Regierungswechsel Anfang des Jahrtausends und steigenden Staatsausgaben, verursacht durch die Kriege in Nahost und durch Steuererleichterungen für Vermögende, stieg das Verhältnis Staatsschulden zu BSP unter Bush wieder an. Der Finanzcrash von 2008 und der damit verbundene schwerste Einbruch der Wirtschaftsleistung seit der großen Depression von 1929 ließ die Staatsschulden der USA praktisch explodieren. Hunderte Milliarden von US Dollar mussten zur Rettung der Banken und zur Stützung der Konjunktur aufgebracht werden. Betrug das Verhältnis Staatsschulden zu BSP vor Ausbruch der Krise noch rund 62 Prozent, so kletterte dieser Wert 2014 über die 100 Prozentmarke. Anfang März 2015 durchbrach die US-Staatsverschuldung die Marke von 18 Billionen US Dollar - eine Zahl mit sehr vielen Nullen. Um sich die Dimension der Schulden zu veranschaulichen, kann man ein kleines Gedankenspiel betreiben. Nehmen wir an, ein Barrel Rohöl (ein Fass mit rund 159 Liter) hat einen Preis von 50 US Dollar und der weltweite Tagesverbrauch an Rohöl beträgt rund 89 Mio. Barrel. Dann könnte man mit 18 Billionen US Dollar den gesamten weltweiten Ölverbrauch für die nächsten 11 Jahre bezahlen. Ein Betrag in dieser Größenordnung ist schlicht nicht rückzahlbar. Zumal in einem Papiergeldsystem, in dem Geld durch die Aufnahme von Krediten entsteht, eine Rückzahlung von Schulden auch eine Vernichtung der Geldmenge bedeutet und somit zu einer Deflation führen würde.

Ungeachtet dessen ist seit dem Ausbruch der Finanzkrise die Verschuldung in den USA sprunghaft angestie-
gen und hätte, ohne Eingreifen der Notenbank FED, zu
einem Anstieg der Zinsen für US-Staatsanleihen führen
müssen. Die durchschnittliche Rendite für langfristige
US-Staatsanleihen liegt seit Aufzeichnungsbeginn im
Jahr 1870 bei 4,6 Prozent. Aktuell (Stand: Sommer 2015)
beträgt die Rendite für 10-jährige US-Staatsanleihen
knapp unter 2 Prozent. Die US-Bundesregierung gibt
derzeit rund 300 Mrd. US Dollar pro Jahr für Zinszahlungen aus, bei ausstehenden Krediten in Höhe von 18
Billionen US Dollar entspricht das einem durchschnittlichen Zins von 1,6 Prozent. Würde man einen Zinssatz
von 4,6 Prozent unterstellen, welcher dem historischen
Durchschnitt entspricht und zuletzt im Jahr 2007 von der
US-Regierung an Gläubiger gezahlt werden musste, so
müssten statt der derzeitigen 10 rund 30 Prozent des
Steueraufkommens für die Zinszahlungen verwendet
werden. Die finanzielle Lage ist so angespannt, dass
selbst ein durchschnittliches Zinsniveau die Zahlungsfähigkeit des US-Bundesstaats gefährden würde.

Der Fluch steigender Zinsen

Schon kleine Zinserhöhungen würden die Zahlungsfähigkeit des US-Bundesstaates gefährden und höchstwahrscheinlich zu einem Bankrott führen.

134

Daher ist die US-Regierung auf niedrige Zinsen angewiesen. Die FED kann gar nicht anders, als Geld zu drucken und damit US-Staatsanleihen zu kaufen. Die
ultralockere Geldpolitik der FED (QE-Programme) verhindert die Insolvenz des US-Bundesstaates, auf Kosten
eines hohen Inflationsrisikos und der Blasenbildung an
den Immobilien-, Aktien- und Anleihemärkten rund um
den Globus. Würde die FED ihre Politik des billigen
Geldes einstellen und damit den Weg für einen „fairen"
Marktzins bereiten, würde die Finanzierung des US-
Bundesstaates zusammenbrechen. Gerade in einer Zeit
wirtschaftlicher Stagnation, wie wir sie seit 2008 beobachten können, sind viele US-Bürger auf die staatlichen Wohlfahrtsprogramme angewiesen. Müsste die US-
Regierung höhere Zinsen auf ihre ausstehenden Schulden zahlen, wären Kürzungen unausweichlich. Der ge-
sellschaftliche Druck macht solche Kürzungen in Zeiten
der Stagnation kaum durchführbar, daher kann die FED
nicht anders, als die Druckerpresse heiß laufen zu lassen,
um nicht die Zahlungsfähigkeit des Bundesstaates zu
gefährden. Auch wenn die FED von offizieller Seite nie
eine Monetarisierung der Staatsschulden bestätigen
würde, führt ihre Politik genau zu diesem Ergebnis. Die
FED kauft US-Staatsanleihen auf dem Sekundärmarkt
auf und verringert damit die Menge dieser Papiere.
Dadurch werden die im Markt verbleibenden Staatsanleihen wertvoller - ihr Kurs steigt und gleichzeitig sinkt

die Rendite. Die US-Regierung muss daher weniger für Zinszahlungen ausgeben. Die FED nimmt die Staatsanleihe in ihre Bilanz und theoretisch muss das US-Finanzministerium den Nennbetrag der Staatsanleihe irgendwann in ferner Zukunft an die FED zurückzahlen. Bis dahin aber gewährt die FED der US-Regierung einen Aufschub, damit diese ihre Ausgaben bestreiten kann. Immer wenn die FED, oder eine andere Notenbank, eine Staatsanleihe oder ein anderes Wertpapier kauft, nimmt sie dieses vom Markt und schafft im Gegenzug Geld, um damit den Verkäufer des Wertpapiers auszuzahlen. Dieses Geld entsteht durch einen Buchungssatz bei der FED und wird quasi aus dem Nichts geschaffen. Der Verkäufer der Anleihe ist nun im Besitz von liquiden Mitteln und kann damit wieder ein Wertpapier oder ein reales Produkt kaufen. Je nachdem, wo das Geld hinfließt, erhöhen sich dort die Preise. Fließt das Geld in neue Staatsanleihen, erhöht sich die Nachfrage und lässt die Kurse steigen, fließt das Geld in den Immobilienmarkt, dann erhöht sich dort die Nachfrage und die Immobilienpreise steigen, kauft der Anleger Aktien - steigen die Börsenkurse.

Die FED nutzt den Aufkauf von Staatsanleihen, um die Zinsen zu steuern. Tritt die FED als Verkäuferin von Anleihen auf, so entzieht sie dem Markt Geld und kann damit die Zinsen steigen lassen.

Durch den Ankauf und Verkauf von Anleihen kann die FED die Zinsen für Anleihen steuern.

Problematisch wird dieser Vorgang jedoch, wenn die US-Regierung ständig neue Anleihen auflegt, um damit ihr Defizit zu finanzieren. Ohne ein Eingreifen der FED würde das ständig steigende Angebot an Staatsanleihen bei konstanter Nachfrage die Kurse sinken lassen. Die Zinsen würden demnach steigen. Tritt die FED aber als permanenter Käufer auf, kann die US-Regierung so viele Anleihen platzieren, wie sie möchte. Die FED finanziert per Druckerpresse die US-Regierung. Auf der FED-Seite schwillt die Bilanz an und im Kapitalmarkt kommt es zu einer Dollarschwemme. Diese Dollar wandern rund um den Globus und bieten das Zündholz für Preisblasen an den Kapitalmärkten.

ZUVIEL GELD IM UMLAUF

Die Geldmenge wächst seit der Aufhebung der Golddeckung im Jahr 1971 exponentiell, das bedeutet, die durch Noten- und Privatbanken geschaffene Geldmenge wächst schneller als die Realwirtschaft. Parallel dazu erhöhen sich auch die Schulden schneller als die wirtschaftliche Aktivität schritthalten kann - eine Überschuldung ist die Folge. Seit Jahrzehnten klaffen das Geldmengenwachstum und das Wirtschaftswachstum auseinander.

Die Verbindung zwischen Geld als knappem Gut, das ein Funktionieren des Wirtschaftskreislaufs sicherstellt, und Wirtschaftsaktivität ist längst aufgehoben.

Die daraus resultierenden Spannungen müssen irgendwann abgebaut werden. Die Marktakteure werden an irgendeinem Punkt zu der Einsicht gelangen müssen, dass die Menge an US Dollar, Yen und Euro, die um die Welt fließt, um ein Vielfaches höher ist, als real durch Produkte und Dienstleistungen gedeckt werden kann. Dieser Punkt wurde im Jahr 2008 erreicht, als klar wurde, dass die durch Immobilienkredite aufgeblähten Preise nicht tragfähig waren, und die Marktakteure eine Korrektur einleiteten. Die Finanzmärkte gingen in den Rezessionsmodus über und die Spannungen, die sich über die Jahrzehnte, insbesondere in den USA durch die Verschuldung der Amerikaner, aufgebaut hatten, wollten sich nun entladen. Die Kredite waren wertlos geworden und hätten durch die Banken abgeschrieben werden müssen. Auch in Deutschland hätten Banken und Versicherungen hohe Abschreibungen auf ihre Forderungen vornehmen müssen. Denn auch hier waren und sind viele Forderungen ungedeckt, siehe Pensionsverpflichtungen, Staatsverschuldung und Forderungen gegenüber dem Ausland.

In der Tat hätte es sehr viele Institute erwischt und mit ihnen hätten sich auch die Einlagen der Kunden in Luft aufgelöst.

Der Markt, dieses ominöse Wesen, wollte eine Korrektur. Die Schulden waren zu hoch geworden und über die Schuldenentwertung wäre es zu einer Bereinigung gekommen.

Gleichzeitig wären tausende Firmen und Millionen von Arbeitsplätzen, die durch die Blasen-Ökonomie entstanden sind und durch niedrige Zinsen genährt wurden, weggefallen.

Der Markt hätte unproduktive Jobs, die keine sinnstiftenden Produkte oder Dienstleistungen herstellen, hinweggefegt. Denn in der Wirtschaft geht es nicht darum, Jobs zu schaffen. Es geht um die Herstellung von Produkten, die den Lebensstandard der Bevölkerung verbessern. Daraus ergeben sich dann gutbezahlte Jobs, die auch von Dauer sind und der Bevölkerung Einkommen und Wohlstand sichern.

Es ist nicht der Unternehmer, der die Löhne zahlt — er übergibt nur das Geld. Es ist das Produkt, das die Löhne zahlt. - Henry Ford

Nur eine Blasenökonomie macht es möglich, dass ein Investmentbanker, der ungedeckte Papierzettel von A nach B verschiebt, mit einem „Verdienst" von mehreren Millionen Euro nach Hause geht, während ein Landwirt, der das Überleben der ganzen Gesellschaft sichert, gerade so am Existenzminimum überlebt. Eine Blasenökonomie erzeugt künstliche Arbeitsplätze ohne nachhaltige Wirkung und verzerrt die Wirtschaftsstruktur.

Diejenigen, die wirklich produktiv sind, werden unter dem gegenwärtigen System bestraft, während staatsnahe Unternehmen und Arbeitsplätze gefördert werden.

DER STAAT SCHAFFT BLASEN

Denken Sie an die vielen, durch die Politik künstlich direkt und indirekt geschaffenen Jobs. Nehmen wir zum Beispiel die Solarwirtschaft. Staatliche Förderung und zu billige Kredite führten zu einem massiven Boom bei Firmen wie Q-Cells und Solarworld. Die Politik hatte sich auf die Fahne geschrieben, das neue Zeitalter der regenerativen Energien auszurufen und entschied, „Solar" wird die Technologie der Zukunft. Die Politik garantierte den Käufern von Solaranlagen einen festen Einspeisepreis für ihren Solarstrom. Bezahlt wird dieser durch die Masse der Stromkunden und verteilt damit Gelder hin zu einer kleinen privilegierten Gruppe - den Solarinvestoren und Herstellern, welchen dadurch ein sicheres Einkommen beschert wird. Eigenheimbesitzer und Investoren begannen, die Dächer mit Solaranlagen zu pflastern. Die Politik hob eine ganze Industrie aus der Taufe, die von Anfang an kaum profitabel arbeiten konnte. Denn auch die Chinesen hatten frühzeitig mit der massiven Förderung ihrer Solarindustrie begonnen.

Es kam zu einem Wettstreit der Förderung, den die Chinesen für sich gewinnen konnten. 2012 platzte dann die deutsche Solarblase und trieb etliche Solarunternehmen in die Insolvenz.

Noch im Jahr 2008 kostete eine Q-Cells Aktie über 100 Euro. Nur 4 Jahre später bewegte sie sich im Cent-Bereich. Der einst größte Arbeitgeber in einer strukturschwachen Region musste innerhalb von nur 4 Jahren über 1.000 Mitarbeiter entlassen. Zählt man die Arbeitsplatzverluste der Zulieferer mit, kommt man leicht auf 10.000 Arbeitsplatzverluste. Eine künstlich durch die Politik aus dem Boden gestampfte Industrie liegt nach Milliarden-Förderungen am Boden. Hunderttausende Arbeitsstunden wurden dabei verschwendet, ohne dass ein bleibendes Ergebnis erzielt wurde. Anstatt jeden Tag zur Arbeit zu gehen und bei Q-Cells Solarmodule zu produzieren, die die Chinesen billiger und in gleicher Qualität herstellen, hätten die Mitarbeiter auch einfach zu Hause in der Sonne liegen können. Denn ihre Arbeitsleistung wurde in den Sand gesetzt und stellt die eigentliche Tragödie von künstlich geschaffenen Blasen dar.

Das Wesen einer freien Marktwirtschaft besteht darin, dass die Ressourcen dort verteilt werden, wo sie am produktivsten eingesetzt werden können. In einer freien Marktwirtschaft werden Fehlleitungen von Ressourcen durch eine Krise korrigiert und die Exzesse aufgelöst.

Unternehmen, die keinen Mehrwert für Verbraucher kreieren können, werden aussortiert und die Ressourcen, die in ihnen gebunden sind, werden für andere produktivere Verwendungen frei gemacht.

In einer funktionierenden Marktwirtschaft mit einer aktiven Gründerszene würden die verlorenen Arbeitsplätze schnell durch die Schaffung neuer Arbeitsplätze kompensiert werden. Dies würde allerdings eine vollkommen andere Politik verlangen, als wir sie zurzeit erleben. Anstatt über Interventionismus ständig neue Blasen entstehen zu lassen, müsste sich die Politik auf die Schaffung von gründungsfreundlichen Rahmenbedingungen beschränken. Eine Aufgabe, die über Jahrzehnte durch den Umbau von Bürokratie, Sozialsystemen und Förderung der Risikobereitschaft eingeleitet werden müsste. Im Klartext würde das weniger Staat und damit auch weniger Gestaltungs- und Profilierungsmöglichkeiten der Politik bedeuten.

Zurzeit verfolgt die Politik die Maxime, durch Subventionen und niedrige Zinsen eigentlich bankrotte Unternehmen, insbesondere aus dem Finanzsektor, künstlich am Leben zu halten, um den Schmerz der Anpassung immer wieder auf die nächste Wahlperiode zu verschieben. Jedoch kann die Politik die Marktgesetze nur für eine gewisse Zeit außer Kraft setzen. Irgendwann platzt die Blase und eine Krise fegt die Unternehmen hinweg - wenn man sie politisch zulässt.

Genau hier kommen die Anreize der Politik ins Spiel. Weil ein Berufspolitiker meistens keine sinnstiftenden Produkte herstellen kann, besteht seine einzige Hoffnung auf Karriere und Einkommen im politischen Betrieb und der Wiederwahl. Eine Wirtschaftskrise, in der tausende Firmen pleitegehen und Millionen von Arbeitsplätzen vernichtet werden, ist nicht gerade zuträglich, um in der Wählergunst nach oben zu kommen. Daher besteht seitens der Politik immer ein Anreiz, eine bereinigende Krise schon im Keim zu ersticken. Niemand möchte den starken Schmerz spüren, auch wenn er langfristig zur Genesung beiträgt. Lieber den Schmerz mit billigem Geld und Rettungspaketen betäuben! Das Problem der notwendigen Anpassung wird damit aber nicht gelöst, sondern nur in die Zukunft verschoben. Irgendwann erzwingen die Marktkräfte eine Korrektur, die dann umso größer wird, je länger Politik und Notenbanken die Korrektur hinausgezögert haben.

TOO BIG TO FAIL

Natürlich wird die Politik immer aktiver, je größer der zu erwartende Schaden ist. Bei einem kleinen Solarhersteller wie Q-Cells ist der Handlungsanreiz noch nicht groß genug, als dass die Politik einen Rettungsschirm spannt. Auch Opel ist zu klein, als dass eine Rettung alternativlos wäre.

Aber bei großen Banken, Versicherungen und ganzen Staaten sieht es schon anders aus. Diese sind „too big to fail", also zu groß, um zu scheitern.

Das „too big to fail" Ereignis passierte im Herbst 2008, als innerhalb kürzester Zeit mehrere Banken umfielen wie die Dominosteine. Man erinnere sich, die Panik war so groß, dass sich die Bundeskanzlerin Angela Merkel und ihr damaliger Finanzminister Peer Steinbrück vor die Kameras stellten und per Handstreich die Sicherheit aller Bankguthaben garantierten.

Der Markt durfte nicht korrigieren und unproduktive Banken, Unternehmen und auch Staaten durften nicht pleitegehen. Die Politik gründete Bad Banks, in denen die Steuerzahler für die implodierenden Schulden gerade stehen, legte gewaltige Subventionen auf (siehe Abwrackprämie) und die Notenbanken senkten ihre Leitzinsen und fluteten die Welt mit Geld aus dem Nichts.

Wäre es zu einer Marktkorrektur gekommen, hätten wir eine große Wirtschaftskrise erlebt, die die Exzesse der niedrigen Zinsen und des staatlichen Interventionismus der vergangenen 40 Jahre bereinigt hätte. Der Suchtkranke hätte keinen Stoff mehr bekommen und wäre auf kalten Entzug gegangen, mit all den negativen Folgen, die sich kurzfristig daraus ergeben. Ist der kalte Entzug aber einmal vorbei, kann das Leben wieder von Neuem starten.

Nach dem Zusammenbruch wäre die wirtschaftliche Aktivität schnell wieder gestiegen. Anstatt dass Absolventen der technischen Bereiche dem schnellen Geld in der Finanzindustrie hinterherjagen und finanzmathematische Produkte entwickeln, die keiner braucht, wären sie wieder in die Industrie gegangen und hätten eigene Firmen gegründet, die sinnstiftende Produkte herstellen. Die Nachfrage nach Mitarbeitern, die produktiv einer Tätigkeit nachgehen können und beispielsweise ein Brot backen oder einen Kranken pflegen oder Gemüse anbauen können, würde steigen und auch ihre Einkommen. Auf der anderen Seite würde die Nachfrage nach ehemals gutbezahlten Jobs, wie sie Verwaltungsangestellte, Lobbyisten, Investmentbanker, Rechtsanwälte, Steuerberater und Wirtschaftsprüfer innehaben, sinken. Diese Berufe werden größtenteils durch die Staats- und Geldblase genährt, weil ohne die künstlich geschaffene staatliche Komplexität sicher niemand einen Rechtsanwalt oder Steuerberater engagieren würde.

Vermögen, die während der Blase durch eine Gruppe weniger Eingeweihter angehäuft wurden, würden sich auflösen. Die Karten wären neu gemischt. Es würde zu einer Neuausrichtung der gesamten Wirtschaftsstruktur kommen. Alte Eliten würden verschwinden und neue entstehen.

DIE BLASE DARF NICHT PLATZEN!

Paradoxerweise würde das Platzen der Blase zu einer Veränderung von Wirtschaft, Politik und Gesellschaft führen, die vielen Vorstellungen und Zielen, die man eher im linken politischen Lager vermutet, entgegenkommen.

Der Interventionismus, wie er in der Politik und bei Notenbanken vorherrscht, ist durch die Illusion geprägt, dass man alles steuern und kontrollieren kann, wenn man sich nur geschickt genug anstellt. Dieses auch als Top-down bekannte Management-Verfahren beginnt mit einer Idee oder Ideologie, und versucht nun über Gesetze, Vorschriften, Repression und Anreize deren Durchsetzung zu erzwingen. Sowohl Sozialismus als auch die aktuelle Auslegung des Keynesianismus sind Spielarten des Top-down Ansatzes.

Im Sozialismus wird durch die Einheitspartei und eine Plankommission entschieden, wie und wo Ressourcen und Produktionsmittel eingesetzt werden. Im Gegensatz zum Kapitalismus, in dem die Ressourcen privat sind und daher von den einzelnen Marktteilnehmern auf Grundlage ihrer Vorstellungen und den Preisen eingesetzt werden, ist es im Sozialismus einfacher, da dort alle Ressourcen in der Hand des Staates sind und zentral dirigiert werden können.

Im Interventionsmus sind die Ressourcen zwar privat, werden aber durch ein staatliches Anreiz- und Bestrafungssystem in Bahnen gelenkt, die sehr oft ihr gestecktes Ziel verfehlen und zu unbeabsichtigten Folgen führen.

Jede unbeabsichtigte Folge zieht weiteren Interventionsmus nach sich - eine Interventionsspirale wird in Gang gesetzt, die zu mehr Regulierung führt und unternehmerische Tätigkeit im Keim erstickt. Der österreichische Ökonom Ludwig von Mises arbeitete diese Zusammenhänge in seinem Werk *Liberalismus* bereits 1927 heraus und schlussfolgerte, dass Interventionismus im Endeffekt zu einer Übernahme der Wirtschaftstätigkeit durch den Staat und seiner Institutionen führt und damit direkt im Sozialismus mündet.[47]

Das sozialistische Experiment auf deutschem Boden veranschaulichte, wohin Interventionismus in seiner schärfsten Form, dem Sozialismus, führt, wenn Ressourcen fehlgeleitet werden und ökonomische, sowie gesellschaftspolitische Entscheidungen an der Lebenswirklichkeit der Menschen vorbeigehen. Je weiter sich die Politik von den Bedürfnissen der Menschen entfernt und nur noch zu einer Bedienung der Interessen einer kleinen Klientel wird, desto repressiver muss man vorgehen, um das bestehende System zu erhalten.

Oft scheitert die politische Umsetzung aber an der Komplexität, Unvorhersehbarkeit und den Gesetzen der Realität. Denn selbst im Kleinen wissen die meisten Menschen, dass nicht alle Familienmitglieder immer so handeln, wie man sich das gerne wünscht. Auf großer Ebene, wie bei Nationalstaaten, ist es fast unmöglich, individuelle Handlungen zu beeinflussen, und wenn, dann nur unter großem Aufwand und mit meist unvorhergesehenen Nebeneffekten.

So hat sich in der politischen Elite die Idee verfestigt, man könne das Platzen von Spekulationsblasen und die damit verbundenen Wirtschaftskrisen durch ein Management von Zinssätzen und politischen Interventionismus steuern. Durch die aktive Steuerung der Wirtschaft könne man Rezessionen verhindern bzw. abmildern. Jedoch führt genau diese Steuerung zu immer größer werdenden Spekulationsblasen und immer stärkeren Einbrüchen der Konjunktur. Worauf wiederum mit mehr Steuerung reagiert wird - eine Interventionsspirale ist die Folge, die immer größere Geldbeträge und Opfer in der Bevölkerung fordert.

Die Politik möchte immer einen *Boom*, sie möchte sinkende Arbeitslosenzahlen. Für die Politik ist es egal, ob schlecht bezahlte oder heillos unproduktive Jobs geschaffen werden, hauptsache sie entstehen.

Sie möchte Wirtschaftswachstum und mehr Geld zur Verteilung und auch mehr Abhängigkeit der Bürger vom Staat - anders funktioniert Interventionismus nicht!

Nur finanziell und geistig abhängige Menschen können politisch gesteuert werden. Stellen Sie sich vor, die Menschen wären gedanklich und finanziell frei und würden selbst entscheiden, wie sie ihr Leben führen und organisieren - ein Graus für jeden „gestaltenden" Politiker. Die Politik hat kein Interesse an einem *Bust* und nutzt alle Mittel, um einen *Boom* so lange wie möglich aufrechtzuerhalten, auch wenn sie dadurch den Schmerz der Anpassung nur noch verstärkt. Je stärker ich jemanden an eine Droge, sprich billige Kredite, gewöhne, desto schwieriger wird der Entzug. Schiebe ich den Entzug durch noch mehr Schulden hinaus, erlebt der Süchtige zwar noch eine kurze schöne Phase, aber der kommende Entzug wird dann umso schmerzhafter. Die Gefahr dabei ist, dass der Süchtige eine Überdosis bekommt und letztendlich an der gutgemeinten Medizin stirbt.

Die Phase, in der wir uns seit 2008 befinden, ist diese letzte Phase, in der die Notenbanken noch einmal ihr süßes Gift injizieren und wir uns gut fühlen. Dass dabei die Gefahr einer Überdosis sehr hoch ist, wird unter den Teppich gekehrt.

Dabei wird es zu einem Crash kommen müssen! Die Gesetze des Marktes sind eindeutig und lassen sich durch die Politik nur kurzfristig - manchmal können das auch mehrere Jahrzehnte sein - aushebeln. Aber irgendwann schlägt der Markt zurück und die Anpassungen werden dann umso schmerzhafter.

DIE WOHLSTANDSILLUSION

In früheren Zeiten, als es noch nicht möglich war, unbegrenzt Kredite und damit neues Geld aus dem Nichts zu schaffen, musste man auf Ersparnisse zurückgreifen, um damit Kredite vergeben zu können. Die Ersparnis, also der Konsumverzicht der Vergangenheit, wurde genutzt, um damit die Kreditvergabe für neue Investitionen zu ermöglichen. Kredite wurden auf Basis der Einlagen bei den Banken vergeben. Somit war die Kreditvergabe an vergangene Sparleistungen gekoppelt. In einem ungedeckten Geldsystem muss keine Sparleistung mehr erbracht werden, um Kredite vergeben zu können. Die Kreditvergabe ist nicht an eine frühere Entbehrung gebunden, sondern abhängig von der Zinsfestlegung der Zentralbank. Setzt die Zentralbank den Zins sehr niedrig an, unter dem, der sich durch das freie Spiel der Marktkräfte einstellen würde, regt sie einen übermäßigen Konsum an.

Denn Anleger erhalten auf ihr Sparvermögen und damit für ihren Konsumverzicht keine adäquate Entschädigung - die Zinsen sind zu niedrig. Sparen lohnt sich nicht und Sparvermögen wird verkonsumiert.

Konsum, der oft nicht nachhaltig ist, und eher auf die kurzfristige Befriedigung eines Impulses ausgerichtet ist, als auf eine dauerhafte Verbesserung der Lebensqualität. Der überbordende Konsum, der durch niedrige Zinsen forciert wird, führt zu Fehlallokationen in der Wirtschaft. Zum Beispiel werden durch niedrige Zinsen vermehrt Eigenheime gebaut. Die profitierenden Branchen wie Bau- und Möbelwirtschaft erhalten mehr Aufträge und erweitern ihre Kapazitäten, um der Nachfrage gerecht zu werden. Kommt es zu einem Einbruch der Nachfrage, schießen die im Boom erfolgten Kapazitätserweiterungen wie ein Bumerang zurück. Denn so schnell wie neue Maschinen und Arbeitsplätze im *Boom* geschaffen werden, lassen sie sich im *Bust* nicht wieder auflösen, und wenn, dann nur unter großen Verlusten. Wer möchte schon einen Zementmischer kaufen, wenn der Hausbau zum Erliegen gekommen ist? Daher werden die Folgen des Platzens einer Blase immer in Proportion zum vorangegangenen Boom stehen. Je größer die Blase, und damit die Wohlstandsillusion, desto härter der Aufschlag, wenn die Illusion platzt.

Alles wird dem derzeitigem Konsum untergeordnet und selbst Investitionen, die eigentlich zu mehr Wohlstand in der Zukunft führen sollen, werden zum Großteil nur noch in Papierwerte getätigt. Das System nährt ständig neue Spekulations- und Wohlstandsblasen, die, wenn sie platzen, den wahren Wert zu Tage fördern, der oft nicht mehr ist, als ein Versprechen eines Schuldners. Der vermeintliche Wohlstand basiert auf einer Illusion, die auf Geld aus dem Nichts aufbaut und daher genauso werthaltig ist, wie das Geld, das aus dem Nichts geschöpft wurde.

BILLIGES GELD VERHINDERT REFORMEN

Nach dem Zusammenbruch der Immobilienblasen 2008 ist die EZB in Keynesianischer Manier den Banken und Staaten im Euroraum mit gewaltigen Geldspritzen beigesprungen und hat sie zeitweilig vor dem sicheren Bankrott bewahren können. Daher konnte man ab 2012 eine zeitweilige „Normalisierung" der Lage beobachten. Die Zinsen der Euro-Staatsanleihen konnten wieder nach unten gedrückt werden und sanken bis 2015 auf noch nie gesehene Tiefstände.[*]

---

[*] Zeitweilig erreichten deutsche Staatsanleihen, die als sehr sicher gelten, eine negative Verzinsung, das bedeutet, Anleger, die diese Anleihen kaufen, erleiden einen garantierten Vermögensverlust.

Niedrige Zinsen entlasten die Staatshaushalte und machen unpopuläre Strukturreformen überflüssig. Anstatt also über grundsätzliche Reformen in den Bereichen Arbeit, Finanzen und Bildung nachzudenken, und damit die Schaffung von realem Vermögen zu ermöglichen, führt die indirekte Finanzierung über die Notenpresse zu einem „weiter so wie bisher".

Spanien und Italien können sich trotz hoher Verschuldung der öffentlichen Haushalte und einem Wegbrechen der Wettbewerbsfähigkeit, gepaart mit einer massiven Arbeitslosigkeit, zu unter 2 Prozent Zinsen mit neuem Geld versorgen.[48]

Der Reformdruck wird durch weiterhin fließendes billiges Geld, diesmal durch die EZB gedruckt, abgemildert. Ineffiziente Strukturen bleiben damit bestehen. Laut Weltbank Ranking zur Wettbewerbsfähigkeit belegen Italien und Griechenland den 56. bzw. 61. Platz, hinter Ländern wie Ruanda und Saudi Arabien.[49]

Auf der Liste der Länder mit der geringsten Korruption landen Italien und Spanien auf dem 69. Platz und teilen sich ein Korruptionslevel mit Brasilien, Bulgarien und dem Senegal.[50]

Aber auch Deutschland kommt nicht gut weg, auch hier verhindern niedrige Zinsen und billiges Geld dringend nötige Strukturreformen.

Laut Weltbank-Ranking belegt Deutschland in der Kategorie „Unternehmensgründung", welche die Rahmenbedingungen für Unternehmen (z.B. die Anzahl der Auflagen, welche erfüllt werden müssen, und den benötigten Zeitaufwand) betrachtet, den 114. Platz! Damit ist es in Deutschland schwieriger, ein Unternehmen zu gründen, als zum Beispiel in Ruanda (Platz 112) oder auch der Ukraine (Platz 76). Der zukünftige Wohlstand in einer Gesellschaft entsteht aber durch Neugründungen von Unternehmen, die Lösungen für Probleme bieten, und damit einen Mehrwert für sich und die Gesellschaft schaffen. Zukünftiger Wohlstand entsteht kaum durch etablierte Unternehmen, die nur noch die eigenen Pfründe verteidigen!

Länder wie Singapur, Dänemark, Norwegen und auch die USA schneiden da besser ab, und bieten weitaus bessere Unternehmensbedingungen. Deutschland ist als Standort für Unternehmen, insbesondere für Neugründungen, unattraktiv.

Auch beim Thema Steuern schneidet Deutschland sehr schlecht ab. Dabei geht es sowohl um die Höhe der Steuern, welche mittlerweile exorbitant ist, als auch um den Verwaltungsaufwand und die damit verbundenen Kosten des Steuersystems.

Deutschland belegt hier beim Ranking der Weltbank den 68. Platz und liegt damit kurz vor Moldawien (Platz 70) und hinter Botswana (Platz 67)!

Wie hoch das Ausmaß der tatsächlichen Besteuerung ist, kann man jährlich in der *Wirtschaftswoche* nachlesen. Einem durchschnittlichen Arbeitnehmer in Deutschland bleiben nach Abzug aller Sozialabgaben (inklusive Arbeitgeberanteil), Lohnsteuer, GEZ und Verbrauchssteuern wie Mehrwertsteuer etc., gerade einmal 37,6 Prozent vom Bruttolohn übrig. Die Steuerlast liegt damit bei 62,4 Prozent! Bei Familien mit Kindern liegt die Steuerlast zwischen 48,8 und 56,5 Prozent.[51] Das bedeutet, über 50 Prozent des erarbeiteten Einkommens fließt an den Staat und wird dort nach Gutdünken der Politik umverteilt. Im Schwarzbuch des Bundes der Steuerzahler können dann die bizarrsten Fälle der Verwendung von Steuergeldern nachgelesen werden.

Für den eigenen Vermögensaufbau und die Absicherung im Alter bleibt dadurch kaum noch Geld übrig. Der Großteil der Arbeitsleistung wird vom Staat einkassiert und nährt die Staatsblase. Ein Single arbeitet demnach bis zum 14. August eines Jahres nur für den Staat. Ein Mittelständler mit 100 Mio. Umsatz und 5,4 Mio. Euro Vorsteuergewinn arbeitet bis zum 4. September nur für den Staat, ganze Zweidrittel der Zeit muss der Mittelständler somit dem Staat opfern.

Da braucht man sich nicht wundern, warum viele Unternehmen versuchen, ihre Produktion und Besteuerung ins Ausland zu verlagern, und warum innerhalb Deutschlands kaum investiert wird. Der Anteil der Nettoanlageinvestitionen deutscher Unternehmen ist seit Jahren im Sinkflug. Lag die Quote in den 1990ern noch bei durchschnittlich 7 Prozent des Brutto-Inlandsprodukts, so sind es seit 2008 nur noch 2,5 Prozent.[52]

Es lohnt sich für viele Unternehmen nicht mehr, in Deutschland zu investieren und Arbeitsplätze zu schaffen, weil die Kosten der Arbeit und Verwaltung schlicht zu hoch sind. Nur sehr wenige Branchen, die sehr hochwertige und damit auch teure Produkte auf den Markt bringen können, sind in der Lage, diese Lasten zu tragen. Die Bedingungen in der Realwirtschaft werden von Jahr zu Jahr schwieriger, während der spekulative Teil der Wirtschaft, befeuert durch billiges Geld, immer größer wird und Renditen erzielt, die mit realen Produkten kaum möglich sind.

Die Staatsblasen werden mit Druck aufrechterhalten und der Staat belastet die letzten verbliebenen Leistungsträger der Gesellschaft. Menschen, die nicht am Hütchenspiel des Staates und der Finanzindustrie teilnehmen, sondern reale Produkte und Dienstleistungen erbringen, werden durch überbordende Steuern und ausufernde Bürokratie in die Zange genommen.

....

7

AM VORABEND DES CRASHS

Im Jahr 2000 betrug das Wirtschaftswachstum in Deutschland 3 und in den USA 4 Prozent, die Volkswirtschaften waren im Boom-Modus und die Arbeitslosenzahlen niedrig. Sowohl der deutsche Leitindex Dax als auch der amerikanische S&P500 stiegen auf neue Allzeithochs. Das Internet versprach grenzenlose Wachstumsperspektiven und zahlreiche Börsengänge zogen die Anleger in ihren Bann. Ab Herbst 2000 glaubten die Anleger nicht mehr an weiter steigende Kurse und die Blase platze. Der S&P500 verlor von seinem Hoch im Jahr 2000 bis zum Tiefpunkt im Jahr 2003 fast 50 Prozent seines Wertes. Noch schlimmer erging es dem deutschen Leitindex, der Dax brach im gleichen Zeitraum um 70 Prozent ein. Anleger, die nach 1996 mit der Aussicht auf steigende Kursgewinne in den Aktienmarkt eingestiegen waren, und auf dem Höhepunkt der Blase nicht rechtzeitig den Absprung schafften, mussten mehrere Jahre aussitzen, um wieder eine schwarze Null sehen zu können.

Mit dem Zusammenbruch des Neuen Marktes in Frankfurt und der Nasdaq in New York brach auch die Realwirtschaft ein. Die Volkswirtschaften gerieten in die Rezession und die Unternehmen entließen Mitarbeiter. Die FED und EZB senkten ihre Leitzinsen und pumpten frisches Geld in die Finanzmärkte. In den USA geriet der Immobilienmarkt in den Fokus der Spekulation, welche dort die Preise ansteigen ließ. In Europa floss das Kapital mit der Euroeinführung in die Länder der Euro-Peripherie und pumpte dort die Immobilien- und Staatsblasen auf. Südeuropa kam in den Boom und in Deutschland fiel die wirtschaftliche Erholung nach der Rezession von 2003 schwach aus. Erst ab 2006 nahm die deutsche Wirtschaft wieder Fahrt auf und das Wirtschaftswachstum stieg auf über 3 Prozent. Die Aktienmärkte drehten schon ab 2004 wieder nach oben und nahmen, wie es an der Börse üblich ist, einen Teil der Entwicklung vorweg. Dax und S&P500 setzten zu einem neuen Höhenflug an und erreichten 2008 wieder ihre Rekordmarken aus dem Jahr 2000.

Auch auf dem Immobilienmarkt kam Bewegung ins Spiel - im Durchschnitt legten die Immobilienpreise in den USA ab 2000 bis zum Höhepunkt im Jahr 2006 um 15 Prozent pro Jahr zu.

Warnungen, dass der amerikanische Immobilienmarkt sich in der Blase befand, gab es en masse. Das britische Wirtschaftsmagazin *The Economist* warnte bereits ab 2005 in mehreren Artikeln vor den weltweiten Immobilienblasen und der sich andeutenden Subprime-Krise in den USA.[53] Auch mehrere Ökonomen warnten vor einer Überhitzung am amerikanischen Immobilienmarkt, darunter Robert Shiller und Peter Schiff. Auch der deutsche Ökonom Max Otte warnte in seinem Buch *Der Crash kommt* vor den Folgen einer seit Jahrzehnten aus dem Ruder laufenden Verschuldung der Wirtschaftsteilnehmer. Otte skizzierte 2006 den sich aus seiner Sicht abzeichnenden Crash am Kapitalmarkt und die darauffolgende große Wirtschaftsdepression.

Leider finden einzelne kritische Stimmen in einer Spekulationsblase kaum Gehör. Das massenpsychologische Phänomen des irrationalen Überschwangs und die damit verbundene Selbsttäuschung sind zu stark, als dass warnende Stimmen die Anlageentscheidungen der Mehrheit beeinflussen könnten. Im Jahresgutachten des Sachverständigenrats der Bundesregierung aus dem Jahr 2007 betrachtete man „die Gefahr eines Abrutschens in eine Rezession im Jahr 2008 [...] als äußerst gering."[54] Solange der Boom anhält, möchte man sich nicht mit Katastrophenszenarien auseinandersetzen, sondern die steigenden Buchwerte genießen und sich der Illusion der Wohlstandsmehrung hingeben.

Leider bewahrheiteten sich die Crash-Prophezeiungen und es blieb nicht nur bei einer Korrektur der Aktien- und Immobilienmärkte, sondern das gesamte auf Schulden aufgebaute Wirtschaftssystem drohte, in sich zusammenzubrechen wie ein Kartenhaus, aus dem man eine der untersten Karten herauszieht.

Die Aktienmärkte brachen weltweit ein. Dax und S&P500 verloren 50 Prozent ihres Wertes. Die Realwirtschaft brach so schnell ein, dass man befürchten musste, die Große Depression von 1929 könnte sich wiederholen. In Deutschland gab es 2009 mit minus 5 Prozent den größten Wirtschaftseinbruch seit dem 2. Weltkrieg.

Sowohl die große Depression von 1929 als auch der Crash von 2008 waren keine lokal begrenzten Ereignisse. Beide nahmen in den USA ihren Ursprung und zogen die gesamte Welt in Mitleidenschaft. Auch war der Crash 2008 viel schwerwiegender als zum Beispiel der Zusammenbruch der Dot.com Blase. Während bei der Dot.com Blase die Aktienkurse einbrachen und damit hauptsächlich Eigenkapital vernichtet wurde, stellte der Zusammenbruch des amerikanischen Immobilienmarktes eine Vernichtung von Fremdkapital dar.

Ein Immobilienkredit, der für eine Bank ein Guthaben und für den Immobilieninhaber eine Schuld darstellt, ist dann wertlos, wenn der Schuldner nicht mehr in der Lage ist, diesen zu bedienen, und wenn die als

Sicherheit hinterlegte Immobilie nur noch einen Bruchteil der ausstehenden Hypothek ausmacht.

Die oftmals in Derivate verpackten Forderungen waren nach dem Zusammenbruch des amerikanischen Immobilienmarktes reine Fiktion und drohten, das gesamte
Geld- und Wirtschaftssystem in den Abgrund zu reißen.
Durch die Verbriefung der Kredite gelangten die Papiere
in die Bücher der weltweiten Investoren. Die Gläubiger
waren folglich nicht nur auf die USA beschränkt, sondern überall auf der Welt anzutreffen.

Es handelte sich nicht nur um eine bloße Preiskor-
rektur am Immobilien- und Aktienmarkt, sondern um ein
Zusammenbrechen des Geldsystems.

Denn mit der Aufhebung der Golddeckung seit 1971
stehen sich Schulden und Guthaben spiegelbildlich gegenüber. Streicht man die Schulden, entwertet man auch
Guthaben und vernichtet damit Geldvermögen.

Ende 2008 liehen sich die Banken untereinander kein
Geld mehr, die Kreditvergabe an die Realwirtschaft drohte zu kollabieren. Wie Blut in einem Körper stellt die
Kreditvergabe das Blut des Wirtschaftssystems dar. Zir-
kuliert kein Geld mehr, weil Kredite platzen und keine
neuen aufgenommen werden, erleidet die Wirtschaft
einen Kreislaufstillstand. Die Erste Hilfe Maßnahmen
der Notenbanken und Politik lauteten massive Bluttrans-
fusion. Das Blut konnte dadurch verdünnt werden und
wieder zirkulieren.

Jedoch wurde keine Therapie der Ursachen vorgenommen, auch weil die Diagnose der Experten von einem vorübergehenden Problem im System ausgeht, das durch ein Mehr an Liquidität zu lösen sei. Im Kern soll das Problem der Überschuldung durch noch mehr Schulden gelöst werden. Die strukturellen Ursachen, wie überbordende Bürokratie, zu hohe Staatsausgaben, eine Verschiebung der Produktivzentren von West nach Ost und eine exponentiell wachsende Verschuldung bedingt durch ein schuldenbasiertes Geldsystem, werden nur unzureichend thematisiert. In der Mainstream-Ökonomie wird die Krise weitgehend nicht als Systemkrise wahrgenommen, sondern als ein vorübergehendes Ereignis, das durch einen Keynesianischen Ansatz, also mehr kreditfinanzierte Ausgaben des Staates und expansive Geldpolitik der Notenbanken, zu lösen sei.

Dieser Logik folgend, fluteten die Notenbanken durch Leitzinssenkungen und den Ankauf von Papieren die Finanzmärkte mit billigem Geld. Damit wurde für private Investoren die Tür geöffnet, ihre teilweise wertlosen Papiere ohne große Verluste an die Notenbanken und staatlichen Rettungsschirme zu verkaufen. Den Verlust trägt der Steuerzahler und Sparer durch höhere Besteuerung und Entwertung seines Sparguthabens.

Keynes betrachtete die Lockerung der Geldpolitik und die staatlichen Ausgabenprogramme als notwendiges Mittel, um kurzfristig eine in die Sackgasse geratene

Wirtschaft durch Stimulierung der Nachfrage wieder auf den Wachstumskurs zu führen. War die Krise durchgestanden, sollte der Staat die in der Krise gemachten Schulden wieder zurückzahlen. Jedoch dienten die Rezepte von Keynes vielen Politikern als Vorlage, um dauerhaft in das Wirtschaftsgeschehen einzugreifen und damit eine Interventionsspirale in Gang zu setzen, die nur durch eine stetige Ausweitung der Schulden zu finanzieren ist. Um das System nicht zu gefährden, muss auf eine Krise mit noch mehr Geld und damit mehr Schulden reagiert werden. Der Staat muss immer repressiver in die Wirtschaft eingreifen und freie Märkte werden zunehmend durch einen staatlich gelenkten Kapitalismus ersetzt, der die Interessen einer kleinen Gruppe von Vermögensinhabern durchsetzt.

WEITERE BLASEN

Neben den beschriebenen Blasen im Aktien-, Immobilien- und Anleihemarkt gibt es auch zahlreiche Spekulationsblasen, die sich etwas abseits der im Fokus liegenden Kapitalmärkte befinden, aber dennoch das Potenzial besitzen, beim Platzen Schockwellen durch das gesamte Finanzsystem zu senden. Eine der größten ist die Blase bei den amerikanischen Studienkrediten. Im Jahr 2012 durchbrachen die ausstehenden Studienkredite die Marke von einer Billion US Dollar.

Mittlerweile tritt ein Absolvent einer amerikanischen Hochschule mit durchschnittlich 35.000 US Dollar an Studienschulden auf den US-Arbeitsmarkt. Im Jahr 2005 waren es noch 20.000 US Dollar. Die durchschnittliche Verschuldung der Studenten wächst mit 6 Prozent pro Jahr und damit schneller als die offizielle Inflationsrate! Auch das sollte kein Problem sein, wenn Absolventen relativ schnell in gutbezahlte Jobs einsteigen und damit ihre Schulden wieder begleichen können. Es krankt genau an diesem Punkt. Viele Sektoren der US Wirtschaft befinden sich trotz „guter" offizieller Zahlen in einer katastrophalen Verfassung. Das verarbeitende Gewerbe und die Industrie verlieren seit Jahrzehnten gutbezahlte Jobs, während der Dienstleistungssektor expandiert.[55] Die Bezahlung als Barkeeper und Kellnerin sind leider nicht so hoch wie in der Industrie. Viele Absolventen müssen nach ihrem Abschluss mit Jobs vorliebnehmen, die weit unter ihrer formalen Qualifikation liegen und bei weitem nicht die Einnahmen bieten, um damit ihre ausstehenden Studienkredite begleichen zu können. Die Ausfallrate steigt seit Jahren an. Waren im Jahr 2005 noch 6 Prozent der Studienkredite ausgefallen, so waren es 2014 schon über 11 Prozent.[56] Die Blase bei den Studienkrediten ist ein prominentes Beispiel einer durch den Staat und seine Anreize geschaffenen Staatsblase, denn die US-Regierung garantiert für einen hohen Prozentsatz der ausstehenden Kredite.

Da eine akademische Ausbildung in vielen Bereichen als erstrebenswert angesehen wird, spielt die Höhe der Studiengebühren eine untergeordnete Rolle. Die US-Universitäten operieren wie Unternehmen und erhalten staatlich garantierte Einnahmen auf Kosten einer steigenden Verschuldung ihrer Studenten.

DIE NADEL SUCHT DIE BLASE

Die aggressive Geldexpansion der Notenbanken seit 2008 hat überall auf der Welt Spekulationsblasen entstehen lassen bzw. bereits vorhandene weiter aufgepumpt. Die Größe und Art der Blasen variiert von Land zu Land und doch haben alle eines gemein, sie basieren auf einer Ausweitung von Schulden. Schulden, die irgendwann bedient werden müssen, sei es durch Schuldenstreichung (Deflation) oder Entwertung der Schulden durch Gelddrucken (Inflation). Bei einer Deflation findet die Vernichtung schnell und sehr schmerzhaft statt, bei einer Inflation wird die Vernichtung von Vermögen über mehrere Jahre gestreckt. Im Endeffekt läuft es aber auf dasselbe Ergebnis hinaus - das Vermögen wird vernichtet. Der von Politik und Notenbanken eingeschlagene Weg ist der der Inflation. Leider können Notenbanken nur indirekt den Geldfluss steuern, letztendlich entscheiden Verbraucher und private Banken, wo das Geld hinfließt.

Solange Verbraucher aufgrund wachsender Unsicherheit und hoher Verschuldung nicht weitere Kredite
aufnehmen, und dieses Geld in den Konsum leiten, wird
eine hohe Verbraucherinflation kaum in Gang kommen
können.

Wie schon Richard Cantillon in dem von ihm formu-
lierten Cantillon-Effekt feststellte, profitieren manche
Wirtschaftsakteure von einer Ausweitung der Geldmenge und andere verlieren. Während Banken, Großkonzer-
ne und der Staat von mehr Geld im System profitieren,
weil sie über die ihnen zufließenden Geldmittel als erste
Finanzprodukte und reale Güter kaufen können, haben
private Haushalte und kleine Firmen das Nachsehen. Sie
stehen am Ende der Nahrungskette und müssen mit der
gestiegenen Inflation zurechtkommen. Die aggressive
Politik des billigen Geldes führt daher zu einer noch
stärkeren Spreizung der Vermögensverteilung in der
Bevölkerung.

Inflation vs. Deflation

In einem System, in dem Geld fast ausschließlich durch
Kredite entsteht, wird Geld vernichtet, wenn Kredite
platzen oder zurückgezahlt werden. In den Ländern, die
2008 besonders schwer von der Krise betroffen waren,
platzten die Kredite und neue Kredite wurden nicht aufgenommen.

In Ländern wie Irland, Spanien und den USA platzte die Blase und Geld wurde vernichtet - eine Deflation setzte ein. Notenbanken und Staat übernahmen den Staffelstab, indem sie die Geldpolitik lockerten, und die Kredite, die vor 2008 durch die privaten Haushalte und Firmen aufgenommen wurden, nahm nun der Staat auf. Die Notenbank versucht zu inflationieren, während das Platzen einer Blase ein deflationäres Ereignis darstellt. Somit prallen deflationäre und inflationäre Kräfte aufeinander. Je nachdem, welche Kraft gewinnt, sinken bzw. steigen die Preise. Auf den Gütermärkten, zum Beispiel bei den Rohstoffen wie Eisenerz und Öl, sinken die Preise, weil die wirtschaftliche Entwicklung stagniert. Auf der anderen Seite muss das durch die Notenbanken geschaffene Geld irgendwohin fließen. Da in den Ländern, die von der Krise besonders betroffen sind, die Wachstumsperspektiven als nicht sehr optimistisch eingeschätzt werden und man teilweise mit zu hohen Schulden zu kämpfen hat, werden weniger Kredite für Investitionen nachgefragt. Das durch Notenbanken geschaffene Geld wird somit nicht von der Realwirtschaft abgefragt, sondern verbleibt größtenteils im Finanzmarkt. Es fließt in Aktienrückkaufprogramme, in hochspekulative Börsengänge wie Socialmedia-Aktien, in Staatsanleihen und den Immobilienmarkt. In dieser Phase der neuen Normalität bestehen Inflation und Deflation gleichzeitig und wechseln sich ab.

Der Markt möchte korrigieren und in die Deflation übergehen, er wird jedoch durch Notenbanken und Politik daran gehindert. Während in einzelnen Ländern und auf einzelnen Märkten deflationäre Kräfte überwiegen, ist auf globaler Ebene die Inflation die treibende Kraft.

Laut einer McKinsey Studie betrugen die weltweiten Schulden Ende 2007 142 Billionen US Dollar.[57] Seitdem kamen auf globaler Ebene Schulden in Höhe von 57 Billionen hinzu - ein Anstieg von 40 Prozent innerhalb von nur 7 Jahren! Mittlerweile beträgt die weltweite Schuldenlast fast das Dreifache der jährlichen globalen Wirtschaftsleistung.

Bei den Verbrauchern wuchsen die Schulden von 2000 bis 2007 um jährlich 8,5 Prozent. Danach mussten viele Verbraucher kürzer treten, weil ihre Schuldenlast ein nicht mehr tragfähiges Ausmaß erreichte. Seit 2007 wächst die private Verschuldung nur noch mit jährlich 2,8 Prozent.

Auch bei den Schulden, die von Finanzunternehmen, sprich dem Bankensektor aufgenommen werden, kam es zu einer Verlangsamung der Schuldenaufnahme. Während die Schulden von 2000 bis 2007 beim Bankensektor um jährlich 9,4 Prozent zunahmen, setzte ab 2007 der Schuldenabbau ein und führte zu einer jährlichen Wachstumsrate von nur noch 2,9 Prozent. Bei den Unternehmen ist die Wachstumsrate der Schulden konstant geblieben und liegt bei 5,9 Prozent.

Den größten Schuldenzuwachs seit 2007 kann man beim Staat feststellen. Wuchsen die Schulden bis 2007 noch um jährlich 5,8 Prozent, so sind es seit 2007 schon 9,3 Prozent.

Insgesamt wachsen die Schulden seit 2007 langsamer, mit 5,3 Prozent pro Jahr gegenüber 7,3 Prozent aus der Vorkrisenzeit, aber dennoch ist das globale Schuldenwachstum stärker als der Zuwachs an Wirtschaftsleistung. Die Schere zwischen Schulden und Einkommen, die sich aus der jährlichen Wirtschaftsleistung ergeben, wird immer größer. Das Risiko für einen globalen Crash steigt damit rasant an und McKinsey warnt:

Hohe Schuldenberge, egal ob im öffentlichen oder privaten Sektor, führten historisch zu einer Wachstumsbremse und erhöhten das Risiko einer Finanzkrise, die zu einer tiefen wirtschaftlichen Rezession führen kann.[58]

Das Risiko einer schweren Finanzkrise ist seit der letzten Finanzkrise von 2008 nicht gesunken, sondern aufgrund der Zunahme der Schulden im Gesamtsystem gestiegen. Die Billionenblase in den Finanzmärkten bleibt auch auf absehbare Zeit ein Pulverfass. Solange die Faktoren Geld und Psychologie positiv bleiben, werden sich die einzelnen Blasen auch noch weiter aufbauen können.

Für eine Notenbank stellt es keine Hürde dar, eine Billion oder zwei Billionen zu drucken, auch am Aktienmarkt kann der Dax von 10.000 auf 20.000 Punkte steigen. Der nominelle Betrag ist nachrangig, entscheidend bleibt, was man sich dann noch im realen Leben leisten kann. Daher können sich einzelne Blasen auch noch ein paar Jahre aufpumpen. Kritische Betrachter, die Einkommen ins Verhältnis zum Preis setzen und die Diskrepanz erkennen, können sich der Sogwirkung entziehen und sich beim Platzen der ein oder anderen Blase entsprechend positionieren. Für sie ergeben sich dann beachtliche Gewinnchancen. Dass es zu einer Korrektur kommen muss, ist unausweichlich. Wann sie kommt, ist jedoch nicht vorhersehbar. Allerdings wird eine Korrektur immer wahrscheinlicher, je länger die gegenwärtige Notenbankpolitik anhält. Denn obwohl eine Notenbank so viel Geld drucken kann, wie sie will, wird der Effekt, den sie damit erzielt, immer kleiner. Auch für eine Geldmengenexpansion gilt ein abnehmender Grenznutzen.

Laut André Kostolany, Spekulant und Börsenkommentator, braucht es vor allem Geld und Psychologie, damit Preise am Kapitalmarkt mittelfristig steigen können. Nur wenn beide Faktoren positiv sind, steigen die Kurse. Sind beide Faktoren negativ, sinken die Kurse. Ist einer der Faktoren positiv und der andere negativ neutralisieren sich die Tendenzen.[59]

Der Faktor Geld wird wahrscheinlich noch auf absehbare Zeit positiv bleiben, soll heißen, die Notenbanken werden, wenn sie die Zinsen erhöhen, dies nur in homöopathischen Dosen tun, um damit nicht den Zusammenbruch der Staaten zu gefährden.

Dreht die Erwartungshaltung der Marktteilnehmer, und sie glauben nicht mehr an weiter steigende Preise, kann eine Blase sehr schnell platzen und eine unkontrollierbare Abwärtsspirale in Gang setzen. Das Jahr 2008 zeigte, wie schnell ein Börsencrash auf die Realwirtschaft durchschlägt und zu einer Depression führen kann.

STAGFLATION

Stagflation, also die Kombination aus wirtschaftlicher Stagnation und hoher Inflation, ist ein sehr wahrscheinliches Szenario für die nächsten Jahre. Die Politik hat in den vergangenen Jahren gezeigt, dass sie die Ursachen des Problems, ein exponentielles Wachstum von Schulden in einem ungedeckten Geldsystem, nicht versteht, und sich auf die Therapie der Symptome beschränkt. Von daher reagiert sie mit Mitteln, die letztendlich zu einer höheren Inflation und damit einer Vernichtung der Kaufkraft der Geldvermögen führt.

In dem Moment, in dem das Vertrauen in die Handlungsfähigkeit der Notenbanken, effektiv gegen Inflation vorzugehen, schwindet, wird sich auch die Erwartungshaltung der Marktteilnehmer ändern. Die Aussicht auf eine höhere Inflationsrate wird dann auch schnell zu einer tatsächlich hohen Inflationsrate führen. Während der Stagflations-Phase der 1970er erreichte die offizielle Inflationsrate Werte um die 12 Prozent und stieg auf dem Höhepunkt 1980 auf über 14 Prozent. Die USA durchliefen Anfang der 1980er eine schwere Rezession, in deren Verlauf Industriearbeitsplätze vernichtet wurden, die nie mehr zurückkamen.

Nur durch die Schocktherapie unter Paul Volcker, damals Vorsitzender der FED, konnte das Vertrauen der Anleger in den US Dollar zurückgewonnen werden. Die Federal Funds Rate, der Leitzins, zu dem sich Banken untereinander Geld leihen, stieg im Jahr 1981 auf über 19 Prozent. Jedoch war das Ausmaß der Verschuldung Anfang der 1980er auch geringer als heute. Es ist fraglich, ob bei den gegenwärtigen Schuldenlasten reale Zinsen von 5 Prozent verkraftbar wären.

Das Japan Szenario

Auch das japanische Szenario ist denkbar. Nachdem sich in den 1980er Jahren in Japan eine enorme Spekulationsblase bei Aktien und im Immobilienbereich aufgebaut hatte, und diese im Frühjahr 1990 platzte, geriet Japan in eine lange Stagnationsphase, in der das Wirtschaftswachstum und die Inflationsrate um die Nulllinie pendelt. Die japanische Regierung rettete nach dem Crash viele heimische Banken mit direkten Finanzspritzen und indirekten Garantien vor dem Bankrott und erschuf damit „Zombie-Banken", die im Grunde insolvent waren und nur durch staatliche Rückendeckung überleben konnten.[*] Marktkorrekturen wurden nicht zugelassen und bestehende Verkrustungen in der japanischen Wirtschaft und Gesellschaft zementiert. Die neue Normalität der niedrigen Zinsen und niedriges, hauptsächlich durch den Staat getriebenes Wachstum sind in Japan seit den 1990er Jahren Realität. Die japanische Gesellschaft altert immer stärker und legt den Yen eher auf die hohe Kante als ihn zu verkonsumieren.

---

[*] Viele europäische und amerikanische Banken erlitten nach 2008 dasselbe Schicksal und konnten nur dank Staatsgarantien überleben. Daher unterscheidet sich die Situation in Europa und den USA nicht sonderlich von der japanischen Nachcrashzeit der 1990er.

Die Nachfragelücke muss durch den Staat gestopft werden, die Staatsverschuldung explodiert und lag 2015 bei 246 Prozent der jährlichen Wirtschaftsleistung. Japan nimmt damit den Spitzenplatz in der staatlichen Verschuldungsliste ein. Mittlerweile muss die Regierung die Hälfte der Steuereinnahmen für die Begleichung der Zinslasten aufbringen.

Der Versuch, den Yen zu inflationieren, hat zu einer starken Abwertung gegenüber US Dollar und Euro geführt. Gleichzeitig führte das billige Geld zu einer neuen Rekordjagd am Tokioter Aktienmarkt. Der Nikkei legte ab 2012, getrieben durch die weltweite expansive Geldpolitik der Notenbanken, wieder zu und stieg bis Sommer 2015 um 100 Prozent. Aber auch hier kann eine expansive Geldpolitik nicht die strukturellen Ursachen lösen, sondern nur den Tag des Bankrotts in die Zukunft verschieben. Die Schuldenlast ist zu hoch und muss entweder über eine Streichung der Schulden (Deflation) oder über eine Entwertung der Schulden (Inflation) gelöst werden.

Die zukünftigen Entwicklungen in Japan sind insofern interessant, weil Japan einen Teil der Entwicklungen, die auf Europa und die USA zukommen, schon vorweggenommen hat. Der Japancrash zeigt, wie lange Politik und Notenbanken den Anpassungsprozess nach einem Crash herauszögern können, im Falle Japans über zwei Jahrzehnte.

Die Neue Normalität

Die neue Normalität, wie sie Bill Gross 2009 prognostizierte, ist eingetreten - ultralockere Geldpolitik, niedriges Wachstum und eine zunehmende Staatswirtschaft. Inflation und Deflation wechseln sich ab und führen zu einer Entwertung von Schulden und Guthaben. Wir alle sind Beobachter und Teilnehmer eines gigantischen Geldexperiments geworden, das im Jahr 1971 begann und zu Billionenblasen an den Kapitalmärkten geführt hat, und das Risiko eines Platzens besteht jederzeit. Für die Mehrheit sind die Folgen oft verheerend. Für eine kleine Gruppe, die die Blase erkennt und sich entsprechend darauf einstellt, bietet sie enorme Gewinnchancen. Ich wünsche Ihnen, dass Sie zur letzten Gruppe gehören!

LITERATURVERZEICHNIS

Cantillon, R. (1931). *Abhandlung über die Natur des Handels im allgemeinen.* Verlag Gustav Fischer.

Carlson, M. (2007). A Brief History of the 1987 Stock Market Crash with a Discussion of the Federal Reserve Response. *Finance and Economics Discussion Series* .

Eckert, D. (2012). *Weltkrieg der Währungen: Wie Euro, Gold und Yuan um das Erbe des Dollars kämpfen.* FinanzBuch Verlag.

Friedman, M. (2002). *Capitalism and Freedom.* University Of Chicago Press.

Friedman, M., & Schwartz, A. (1971). *A monetary history of the United States.* Prinction University Press.

Greenspan, A. (2008). *The Age of Turbulence: Adventures in a New World.* Penguin Books.

Keynes, J. M. (1997). *The General Theory of Employment, Interest, and Money.* Prometheus Books.

Kostolany, A. (2001). *Die Kunst über Geld nachzudenken.* Ullstein Verlag.

Mises, L. (1927). *Liberalismus.* Verlag von Gustav Fischer.

Otte, M. (2009). *Der Crash kommt: Die neue Weltwirtschaftskrise und was Sie jetzt tun können.* Ullstein Taschenbuch.

Rickards, J. (2012). *The Death of Money: The Coming Collapse of the International Monetary System.* Portfolio Penguin.

Shiller, R. J. (2015). *Irrationaler Überschwang.* Börsenmedien AG.

Sinn, H. W. (2012). *Die Target Falle: Gefahren für unser Geld und unsere Kinder.* Hanser Verlag.

Schubert, P. (2014). Dividenden Investor: *Die Krise des Geldes und wie Sie mit Dividenden ein Vermögen aufbauen* CreateSpace.

Timberlake, R. H. (2015). *Library of Economics and Liberty.* Abgerufen am 12. 5. 2015 von http://www.econlib.org/library/Enc/FederalReserveSystem.html

Zohlnhöfer, W., & Zohlnhöfer, R. (2001). Die Wirtschaftspolitik der Ära Kohl 1982–1989/90.Eine Wende im Zeichen der Sozialen Marktwirtschaft?

ANMERKUNGEN

[1] Dieses Zitat kann neben George Bernard Shaw auch anderen Autoren zugeordnet werden, darunter Niels Bohr, Winston Churchill und Albert Einstein. Leider lässt sich nicht eindeutig klären wer als Erster dieses Zitat prägte.

[2] Siehe http://global.pimco.com/EN/Insights/Pages/Gross%20 Sept%20On%20the%20Course%20to%20a%20New%20Normal.aspx

[3] Siehe www.thebubblebubble.com

[4] Siehe https://mises.org/library/economic-freedom-and-interventionism/html/p/125

[5] Siehe (Timberlake, 2015)

[6] Englisches Original: „Are you better off than you were four years ago?"

[7] In der klassischen Ökonomie ging man davon aus, dass bei steigender Arbeitslosigkeit die Löhne fallen und dadurch wieder zu mehr Nachfrage nach Arbeit führen würden. Ein neues Lohn-Beschäftigungs-Gleichgewicht würde sich automatisch einstellen und eine „unfreiwillige" Arbeitslosigkeit wäre daher ausgeschlossen. Keynes erkannte aber, dass in der Realität Löhne selten nach unten korrigieren und eine automatische Angleichung nicht stattfindet.

[8] Paul Volcker auf einer Konferenz in Sussex am 7.12.2009

[9] Siehe (Zohlnhöfer & Zohlnhöfer, 2001)

[10] Siehe (Carlson, 2007)

[11] Siehe http://www.newsweek.com/japans-bursting-bubble-202062

[12] Gemessen am Case-Shiller Index, der einen nationalen Durchschnitt darstellt.

[13] Siehe Bernanke, Ben S. (1994), The Macroeconomics of the Great Depression: A Comparative Approach, NBER Working Paper No. 4814

[14] Siehe The Washington Post (2005), Bernanke: There's No Housing Bubble to Go Bust, 27.10.2005

[15] Siehe Huffingtonpost (2013), Fannie Mae Posts $10.1 Billion Profit Boosted By Housing Recovery, 8.8.2013

[16] Siehe www.tinsa.es

[17] Siehe (Sinn, 2012)

[18] Siehe www.faz.net/aktuell/wirtschaft/mario-draghis-dicke-bertha-banken-leihen-sich-rekordsumme-von-ezb-11666512.html

[19] Eigene Berechnung auf Basis der jährlichen Veränderungen von US GDP (BSP) und Total Credit Outstanding (Gesamtschulden) - Datenquelle: FED.

[20] Siehe EZB Direktorium (2011), Die Geldpolitik der EZB, S.69ff

[21] Siehe (Cantillon, 1931)

[22] Siehe (Rickards, 2012)

[23] Siehe Rickards, James (2012) und Eckert, Daniel (2012)

[24] Siehe http://blogs.wsj.com/chinarealtime/2014/07/30/how-much-should-chinas-yuan-be-worth-consider-the-big-mac/

[25] Siehe http://www.forbes.com/2008/11/09/china-stimulus-economy-biz-cx_pm_1109notes.html

[26] Siehe Goldman Sachs (2013), *Emerging Markets: As the Tide Goes Out*, Investment Management Division

[27] Siehe http://www.nytimes.com/roomfordebate/2011/04/14/chinas-scary-housing-bubble?ref=asia

[28] Siehe http://www.bloomberg.com/news/articles/2011-01-31/china-s-housing-market-nears-u-s-japan-bubble-levels-chart-of-the-day

[29] Siehe http://www.spiegel.de/reise/aktuell/new-ordos-ist-eine-geisterstadt-in-china-in-der-inneren-mongolei-a-821998.html

[30] Siehe https://chovanec.wordpress.com/2011/11/06/deja-vu-all-over-again/

[31] Siehe http://globaleconomicanalysis.blogspot.de/2014/04/australias-house-prices-flashing-red.html

[32] Siehe http://data.london.gov.uk/dataset/ratio-house-prices-earnings-borough

[33] Siehe http://uk.reuters.com/article/2011/07/01/uk-france-property-idUKTRE7602IY20110701

[34] Siehe http://www.economist.com/news/finance-and-economics/21569396-our-latest-round-up-shows-many-housing-markets-are-still-dumps-home

[35] Siehe http://www.wsj.com/articles/SB10001424052970203752604576640662346325544

[36] Siehe http://www.economist.com/news/economic-and-financial-indicators/21578669-household-debt

[37] Siehe http://www.globalpropertyguide.com/Europe/Austria/Price-History

[38] Siehe www.statistik.at

[39] Siehe http://www.handelsblatt.com/finanzen/immobilien/immobilien-haus-und-wohnungspreise-laufen-einkommen-davon/11297634.html

[40] Der amerikanische Ökonom und Nobelpreisträger Robert Shiller entwickelte die nach ihm benannte Version des KGV, wobei ein Durchschnitt der inflationsbereinigten Gewinne der letzten 10 Jahre zur Berechnung herangezogen wird. Damit ist das Shiller KGV robuster gegenüber kurzfristigen Gewinnschwankungen während eines Konjunkturzyklus und lässt historische Vergleiche des Bewertungsniveaus von Aktien zu.

[41] Zu empfehlen sind die Ausführungen und Interviews von Peter Schiff.

[42] Siehe http://www.nytimes.com/1985/09/17/business/us-turns-into-debtor-nation.html

[43] Siehe http://www.bloomberg.com/politics/articles/2015-06-19/record-cash-wrung-from-bond-market-to-cover-u-s-stock-buybacks

[44] Siehe http://www.quora.com/What-is-the-percentage-of-companies-that-IPO-doesnt-make-a-profit-from

[45] Siehe http://www.n-tv.de/wirtschaft/Dax-Konzerne-immer-weniger-deutsch-article15225186.html

[46] Siehe http://www.boerse-online.de/nachrichten/fonds/Jens-Ehrhardt-Keine-Anzeichen-fuer-eine-Aktienblase-an-den-Weltboersen-1000584079 und
http://www.handelsblatt.com/video/finanzen/boersen-news/boersen-berichte/ezb-chef-draghi-sieht-keine-aktienblase-dax-steigt/11867760.html

[47] Siehe (Mises, 1927)

[48] Siehe Rendite der 10-jährige Staatsanleihen Juni 2015

[49] Siehe www.doingbusiness.org/rankings

[50] Siehe www.transparency.org/cpi2014/results

[51] Siehe http://www.wiwo.de/politik/deutschland/abgaben-der-deutsche-fiskus-langt-kraeftig-zu/11174290-all.html

[52] Siehe www.destatis.de

[53] Siehe http://www.economist.com/node/8885853 und
http://www.economist.com/node/4079027

[54] Siehe Sachverständigenrat der Bundesregierung (2007), Jahresgutachten 2007/08, Seite 79

[55] Siehe http://www.zerohedge.com/news/2015-01-09/waiter-and-bartender-recovery-most-food-service-jobs-added-2012

[56] Siehe http://blogs.wsj.com/washwire/2014/08/20/under-obama-private-debt-troubles-ebb-except-among-students/

[57] Siehe McKinsey Global Institute, (2015), Debt and (not much) deleveraging, February 2015

[58] Siehe McKinsey Global Institute, (2015), Debt and (not much) deleveraging, February 2015, Seite 2

[59] Siehe (Kostolany, 2001)